U1014644

马克思主义与中华优秀传统文化相结合十讲

中研大讲堂

孙熙国　艾四林 —— 主编

北京大学习近平新时代中国特色社会主义思想研究院
清华大学习近平新时代中国特色社会主义思想研究院　组织编写
北京大学中国文化研究中心

中国出版集团有限公司
研究出版社

图书在版编目 (CIP) 数据

马克思主义与中华优秀传统文化相结合十讲 / 北京大学习近平新时代中国特色社会主义思想研究院, 清华大学习近平新时代中国特色社会主义思想研究院, 北京大学中国文化研究中心组织编写 ; 孙熙国, 艾四林主编. -- 北京 : 研究出版社, 2023.2

ISBN 978-7-5199-1420-2

Ⅰ. ①马… Ⅱ. ①北… ②清… ③北… ④孙… ⑤艾… Ⅲ. ①马克思主义—发展—研究—中国②中华文化—研究 Ⅳ. ①D61②K203

中国国家版本馆CIP数据核字(2023)第018760号

出 品 人：陈建军
出版统筹：丁　波
责任编辑：朱唯唯

马克思主义与中华优秀传统文化相结合十讲
MAKESI ZHUYI YU ZHONGHUA YOUXIU CHUANTONG WENHUA XIANGJIEHE SHIJIANG
北京大学习近平新时代中国特色社会主义思想研究院
清华大学习近平新时代中国特色社会主义思想研究院　组织编写
北京大学中国文化研究中心
孙熙国　艾四林　主编

研究出版社 出版发行
（100006　北京市东城区灯市口大街100号华腾商务楼）
北京中科印刷有限公司印刷　新华书店经销
2023年2月第1版　2024年4月第5次印刷
开本：710毫米×1000毫米　1/16　印张：12.5
字数：126千字
ISBN 978-7-5199-1420-2　定价：49.00元
电话（010）64217619　64217652（发行部）

版权所有•侵权必究
凡购买本社图书，如有印制质量问题，我社负责调换

代序

习近平总书记在福建武夷山朱熹园考察时指出，如果没有中华五千年文明，哪里有什么中国特色？如果不是中国特色，哪有我们今天这么成功的中国特色社会主义道路？我们要特别重视挖掘中华五千年文明中的精华，把弘扬优秀传统文化同马克思主义立场观点方法结合起来，坚定不移走中国特色社会主义道路。

党的十八大以来，习近平总书记围绕中华优秀传统文化发表了一系列重要讲话，多次强调中华优秀传统文化积淀着中华民族最深层的精神追求，包含着中华民族根本的精神基因，代表着中华民族独特的精神标识，是中华民族的“根”和“魂”，是中华民族的精神命脉，是涵养社会主义核心价值观的重要源泉，是我们在世界文化激荡中站稳脚跟的坚实根基。抛弃传统、丢掉根本，就等于割断了自己的精神命脉。

2021 年 7 月 1 日，在庆祝中国共产党成立 100 周年大会上的讲话中，习近平总书记明确提出了“坚持把马克思主义基本原理同中国具体实际相结合、同中华优秀传统文化相结合，用马克思主义观察时代、把握时代、引领时代”的重要思想。在党的二十大报告中，又一次强调“坚持和发展马克思主义，必须同中华优秀传统文化相结合”“必须坚定历史自信、文化自信，坚持古为今用、推陈出新，把马克思主义思想精髓同中华优秀传统文化精华贯通起来、同人民群众日用而不觉的共同价值观念融通起来”。习近平总书记的这些重要论述和思想观点，将我们对中华优秀传统文化之于中华民族伟大复兴重大意义的认识提升到了前所未有的高度，为我们正确对待和科学认识中华优秀传统文化提供了重要指导。

在学习习近平总书记关于中华优秀传统文化重要论述的过程中，我们深深感受到如何实现马克思主义与中华优秀传统文化相结合是一个亟待学界进一步研究的重大问题。中华优秀传统文化所讲的“天下为公”“民为邦本”“为政以德”“革故鼎新”“任人唯贤”“天人合一”“自强不息”“厚德载物”“讲信修睦”“亲仁善邻”等，是我们祖先的宇宙观、天下观、社会观、道德观的重要体现，这些思想与马克思主义理论具有高度契合性，需要学界从学理上讲清楚。中华优秀传统文化如果不与马克思主义相结合，不实现其创造性转化和创新性发展，它就只能是古代的思想文化和意识形态，在当代中国就不可能发生作用；同样的道理，马克思主义如果不与中华优秀传统文化相结合，不植根中国实际和历史文化的沃土，不能融入中华文化的长河当中，不能成为中华文化的有机构成，它就是一种存在于我们的历史文化和现实之外的理论形态，对我们也就无法产生作用。这就需要我们在运用马克思主义理论解决中国问题的过程中，坚持把马克思主义基本原理同中国具体实际相结合、同中华优秀传统文化相结合，不断推动中华优秀传统文化创造性转化、创新性发展，不断赋予科学理论鲜明的中国特色，让马克思主义在中国牢牢扎根，长成参天大树。

就在我们深入学习研究和贯彻落实习近平总书记关于马克思主义基本原理与中华优秀传统文化相结合重要论述的时候，中国出版集团研究出版社赵卜慧同志敏锐地关注捕捉到了这一重大理论和实践问题，她和丁波副总编辑、责任编辑朱唯唯亲临北大，我们也多次进行线上线下研讨交流，出版社希望北大和清华的习近平新时代中国特色社会主义思想研究院能够携手学界同仁就这一问题开展研究，可以先作专题研究，以“马克思主义与中华优秀传统文化相结合十讲”的形式出版，然后在此基础上撰写8本专著，形成系列研究成果。

《马克思主义与中华优秀传统文化相结合十讲》涉及的主要问题有：如何理解中华优秀传统文化之于中华民族伟大复兴的重要意义？马克思主义与中华优秀传统文化相契合的内在逻辑是什么？怎样才能实现马克思主义与中华优秀传统文化的结合？实现马克思主义与中华优秀传统文化相结合的基本路径是什么？在实现这一结合的过程中应该遵循什么样的原则？马克思主义与中华优秀传统文化相结合经历了怎样的过程、积累了哪些经验？在结合过程中需要注意哪些问题、处理好哪些重要关系？如何运用唯物史观对中华优秀传统文化作出理论阐释？如何实现中华优秀传统文化的创造性转化和创新性发展？如何增强中华文化自信、铸牢中华民族共同体意识、实现中华文化的伟大复兴和繁荣发展？等等。围绕上述问题，本书的作者们主要就以下思想和观点尝试着进行了学理的探讨和阐释：

第一，中国共产党的奋斗史，就是一部不断推进马克思主义中国化时代化的历史，就是一部马克思主义理论创新创造史。坚持理论创新是中国共产党长期奋斗的重要历史经验。我们党之所以能够走到今天，从弱到强、从小到大，取得一个又一个伟大胜利，一个重要原因就是，始终将马克思主义基本原理同中国具体实际相结合、同中华优秀传统文化相结合，不断开辟马克思主义中国化时代化新篇章，实现理论上的创新。中国共产党百年理论创新的重要启示就是坚持理论创新与理论守正相统一，坚持理论创新与实践创新相互动，坚持理论创新与理论借鉴相统一，坚持理论创新与理论武装相同步。

第二，不断推动党的理论创新，开辟马克思主义中国化时代化新境界，必须坚持马克思主义基本原理同中华优秀传统文化相结合。坚持这一结合既有利于推进马克思主义在中国落地生根，又有利于激活中华优秀传统文化的生命力。作为中华优秀传统文化的忠实传承者和弘扬者，中国共产党在推动马克思主义中国化进程中科学把握了马克思主义基本原理同中华优秀传统文化的契合点，不断推进二者相结合并产生了丰硕的理论成果。新时代继续推进马克思主义基本原理同中华优秀传统文化相结合，一是坚持马克思主义的“主导意识”地位，二是挖掘中华优秀传统文化的精髓要义，三是聚焦中华优秀传统文化的创造性转化和创新性发展。

第三，在党把马克思主义基本原理同中国具体实际相结合的过程中，从进行“结合”探索到创立“结合”理论、确立“结合”原则，是认识发展中的飞跃。习近平总书记提出把马克思主义基本原理“同中华优秀传统文化相结合”，是在总结百年来“结合”探索丰富经验基础上实现的又一次飞跃，使党的“结合”理论、“结合”原则发展成为“两个结合”。坚持“两个结合”是创立习近平新时代中国特色社会主义思想的根本途径；习近平新时代中国特色社会主义思想是坚持“两个结合”的根本成就。中国特色社会主义进入新时代是坚持“两个结合”的实践成果，也是提出“两个结合”的实践基础、时代背景。“两个结合”思想原则的确立，在马克思主义发展史上具有重要意义。“两个结合”思想是中国共产党人马克思主义观的核心思想，是当代中国马克思主义、二十一世纪马克思主义以科学态度对待马克思主义的思想原则。

第四，“两个结合”的重要思想，在理论框架上是新的突破，在思想内涵上是新的飞跃，在实践效果上是伟大创造。具体表现在：把马克思主义基本原理同中华优秀传统文化相结合，是中国共产党人治国理政的思想文化基础，这一“结合”凝结为当今中国的社会主义核心价值观，它一方面促进中国马克思主义理论体系的发展，另一方面促使中国传统文化自身的创造性转化和创新性发展，标志着中华文化发展的新阶段，奠定了新时代“文化自信”的心理基石，为推动构建“人类命运共同体”、促进人类和平与发展事业贡献中国智慧和中国方案，是习近平新时代中国特色社会主义思想中“中国特色”的文化基因。

第五，实现“两个结合”，推动党的理论创新，推动当代中国哲学社会科学发展，必须正确处理好以下五个方面的关系：一是坚持马克思主义指导，坚持以人民为中心，正确处理好一元指导与繁荣发展的关系，即“一”与“多”的关系；二是立足实践，坚持以问题为导向，以我们正在做的事情为中心，正确处理好“理”和“事”的关系，不断提出解决问题的新理论新方法；三是不忘本来，坚持以中国文化为载体，坚守中华文化立场，以中国文化为载体，正确处理好“古”和“今”的关系，实现中华优秀传统文化的创造性转化和创新性发展；四是吸收外来，坚持洋为中用，积极借鉴和吸收外来文化的有益成果，正确处理好“中”与“西”的关系；五是面向未来，坚持以综合创新为方法，正确处理好“常”与“变”的关系，不断从中国实践中概括出中国理论，再用中国理论指导中国实践，为发展当代中国马克思主义、二十一世纪马克思主义作出贡献，为人类对更好社会制度的探索提供中国方案。

第六，推动马克思主义基本原理与中华优秀传统文化相结合，不是把二者简单地叠加或拼凑到一起，而是努力实现中华优秀传统文化的创造性转化和创新性发展，“以古人之规矩，开自己之生面”，把中华优秀传统文化的精华提炼出来，取其精华，去其糟粕，实现马克思主义基本原理与中华优秀传统文化的强强联合。创造性转化和创新性发展是马克思主义基本原理与中华优秀传统文化相结合的根本实现途径。只有以中华优秀传统文化的创造性转化和创新性发展为前提，才能更好推动马克思主义基本原理与中华优秀传统文化的结合落地生根。

第七，“两个结合”的新概括，是党领导人民进行艰苦卓绝而又无比豪迈的伟大斗争在理论上的结晶，是民族复兴伟业取得节节胜利、因而确立“文化自信”的展示，是凝聚新时代中国精神中国智慧的理论指针。习近平新时代中国特色社会主义思想“实现了马克思主义中国化的新的飞跃”，其最重要的理论品格是“把马克思主义基本原理同中国具体实际相结合、同中华优秀传统文化相结合”，因而“是当代中国马克思主义、二十一世纪马克思主义，是中华文化和中国精神的时代精华”。马克思主义中国化之新飞跃，将为实现社会主义现代化和中华民族伟大复兴提供理论、思想和方针的保证，推动中国政治、经济、社会各个方面的宏伟事业大踏步向前发展。

第八，中华优秀传统文化为中国特色社会主义道路提供文化滋养，有助于增强“道路自信”；为中国特色社会主义理论提供文化基因，有助于增强“理论自信”；为充分发挥制度优势、提升治理效能提供深厚历史底蕴，有助于增强“制度自信”；为中国特色社会主义文化繁荣发展提供根基和底气，有助于增强“文化自信”。

第九，铸牢中华民族共同体意识是党的十八大以来习近平总书记提出的重大原创性论断，是习近平新时代中国特色社会主义思想的重要组成部分，是马克思主义基本原理与中国具体实际相结合、与中华优秀传统文化相结合的重大理论成果，是马克思主义中国化时代化的重要体现，不仅是民族工作的主线，而且对于凝聚全体中华儿女为实现中华民族伟大复兴的中国梦都具有重要的现实意义。

第十，“两个结合”科学地总结了百年来马克思主义中国化和中国文化发展的历史经验及研究成果，标志着马克思主义文化观进入辩证综合、守正创新的文化自觉新境界，擎起当代中国文化复兴的光辉旗帜。马克思主义与中华优秀传统文化精华相贯通、与人民群众日用而不觉的共同价值观念相融通，是创新当代中国马克思主义、二十一世纪马克思主义的重要课题。超越近代以来“全盘西化”与“儒学复兴”的两极震荡，以是否有利于中华民族伟大复兴、是否有利于中国式现代化、是否有利于构建人类命运共同体、是否有利于实现“以每个人的全面而自由的发展为基本原则的社会形式”为标准而择取、诠释、重构中国传统文化中真理性、人民性、时代性的精华要素，发展民族的、科学的、大众的社会主义文化，是当代中国文化创新的必由之路。

是为序。

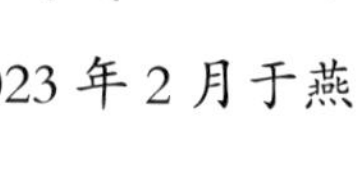

2023 年 2 月于燕园

目　录

第一讲

坚持理论创新是中国共产党长期奋斗的重要历史经验

艾四林

我们党之所以能够走到今天，从弱到强、从小到大，取得一个又一个伟大胜利，一个重要原因就是，始终将马克思主义基本原理同中国具体实际相结合、同中华优秀传统文化相结合，不断开辟马克思主义中国化时代化新篇章，实现理论上的创新。

一、中国共产党奋斗史，就是一部不断推进马克思主义中国化时代化的历史，就是一部马克思主义理论创新创造史

创新是马克思主义的鲜明理论品质。马克思主义是我们立党立国、兴党强国的根本指导思想。中国共产党从诞生之日起，就将马克思主义鲜明地书写在自己的旗帜上。一百多年实践证明，历史和人民选择马克思主义是完全正确的，中国共产党把马克思主义写在自己的旗帜上是完全正确的。马克思主义之所以行，很重要的一点就在于马克思主义是不断发展的开放的理论，始终站在时代前沿，始终保持与时俱

进的理论品格。创新，就是与时俱进，它赋予理论以时代性、先进性。因此，马克思主义是活的，是常新的，也是长青的。

马克思一再告诫人们，马克思主义理论不是教条，而是行动指南，必须随着实践的变化而发展。恩格斯说："我们的理论是发展着的理论，而不是必须背得烂熟并机械地加以重复的教条。"没有对资本主义发展的新情况、新问题、新趋势的透彻分析，没有对工人运动的经验和教训的深入总结，没有对德国古典哲学、英国古典政治经济学、法国空想社会主义的思想成果的批判性吸收、创新性发展，马克思、恩格斯就不可能创立马克思主义。当资本主义从自由竞争阶段发展到垄断阶段时，列宁创造性地运用马克思主义，深入研究帝国主义的本质、特征和基本矛盾，揭示了帝国主义产生、发展和灭亡的客观规律，得出无产阶级革命的新的结论，成功将马克思主义推进到列宁主义阶段，也正是在列宁创新理论指引下，俄国革命取得了伟大胜利。

可以说，直面时代和实践发展提出的重大问题进行理论创新，这是170多年的马克思主义发展史的一条基本经验。一百多年来，我们党之所以能够历经考验磨难无往而不胜，关键就在于不断进行实践创新和理论创新。可以说，党的奋斗史就是一部理论创新史，理论创新是中国共产党砥砺前行的不竭动力。

理论创新的核心就是不断推进马克思主义中国化时代化，不断开辟马克思主义新境界。马克思主义必须中国化才能落地生根、必须本土化才能深入人心。毛泽东同志指出，马克思主义一定要向前发展，要随着实践的发展而发展，不能停滞不前。停止了，老是那么一套，它就没有生命了。正是从革命斗争的种种失误教训中，毛泽东同志深刻认识到，面对中国的特殊国情，不能以教条主义的观点对待马克思列宁主义，必须从中国实际出发，实现马克思主义中国化。邓小平同志强调，不以新的思想、观点去继承、发展马克思主义，不是真正的马克思主义者。习近平总书记强调，我们要在迅速变化的时代中赢得主动，要在新的伟大斗争中赢得胜利，就要在坚持马克思主义基本原理的基础上，以更宽广的视野、更长远的眼光来思考和把握国家未来发展面临的一系列重大战略问题，在理论上不断拓展新视野、作出新概括。

党的十九届六中全会通过的《中共中央关于党的百年奋斗重大成就和历史经验的决议》指出，党之所以能够领导人民在一次次求索、一次次挫折、一次次开拓中完成中国其他各种政治力量不可能完成的艰巨任务，根本在于坚持解放思想、实事求是、与时俱进、求真务实，坚持把马克思主义基本原理同中国具体实际相结合、同中华优秀传统文化相结合，坚持实践是检验真理的唯一标准，坚持一切从实际出发，及时回答时代之问、人民之问，不断推进马克思主义中国化时代化。毛泽东思想是马克思列宁主义在中国的创造性运用和发展，是被实践证明了的关于中国革命和建设的正确的理论原则和经验总结，是马克思主义中国化时代化的第一次历史性飞跃。中国特色社会主义理论体系科学地回答了建设中国特色社会主义的发展道路、发展阶段、根本任务、发展动力、发展战略、政治保证、祖国统一、外交和国际战略、领导力量和依靠力量等一系列基本问题，实现了马克思主义中国化时代化新的飞跃。党的十八大以来，以习近平同志为主要代表的中国共产党人，坚持把马克思主义基本原理同中国具体实际相结合、同中华优秀传统文化相结合，坚持毛泽东思想、邓小平理论、“三个代表”重要思想、科学发展观，深刻总结并充分运用党成立以来的历史经验，从新的实际出发，创立了习近平新时代中国特色社会主义思想，实现了马克思主义中国化时代化新的飞跃。

马克思主义也正是在这种新的飞跃中不断得到丰富和发展的。党的百年奋斗充分证明，只要我们勇于结合新的实践不断推进理论创新、善于用新的理论指导新的实践，就一定能够让马克思主义在中国大地上展现出更强大、更有说服力的真理力量。

二、中国共产党百年理论创新的重要启示

一百多年，我们党在推进理论创新中，积累了宝贵的经验，提供了重要的启示。

理论创新与理论守正相统一。守正是创新的基础和前提。守正就是坚持马克思主义之根、之本、之魂，守住马克思主义之源、之脉，就是坚守马克思主义基本原理，马克思主义的立场、观点和方法。马克思主义基本原理是党的理论创新的理论依据和基石，时代在变化，社会在发展，但马克思主义基本原理依然是科学真理。马克思主义基本原理是普遍真理，具有永恒的思想价值，必须坚持不动摇。正如习近平总书记所指出的，马克思主义就是我们党和人民事业不断发展的参天大树之根本，就是我们党和人民不断奋进的万里长河之泉源。背离或放弃马克思主义，我们党就会失去灵魂、迷失方向。

当然，马克思主义经典作家并没有穷尽真理，而是不断为寻求真理和发展真理开辟道路。一百多年历经不同历史时期，党始终自觉地把马克思主义基本原理同中国具体实际相结合、同中华优秀传统文化相结合，推进马克思主义中国化时代化，不断开辟马克思主义中国化时代化新境界。

理论创新与实践创新相互动。时代是思想之母，实践是理论之源。理论创新不是凭空产生的，实践是理论的来源、基础。科学的理论只能来源于实践，并在实践的检验中不断发展。只有聆听时代的声音，回应时代的呼唤，认真研究解决重大而紧迫的问题，才能真正把握住历史脉络、找到发展规律，推动理论创新。同时，理论创新不只是为了更好地解释世界，更是为了更好地改造世界。理论创新归根结底，是要解决问题，取得实效。因此，我们党高度重视理论创新对实践的指导作用。

一百多年来，什么时候理论创新与实践创新做到了良性互动，理论创新与实践创新的成效就好。反之，成效就不理想。有时候理论创新与实践创新互动搞得不好，要么受教条主义束缚，理论创新不够，无法真正指导实践；要么受主观主义束缚，对实践把握不够，无法将生动实践上升到理论。实践证明，正是理论创新和实践创新的良性互动，使党和国家事业不断开创新局面。

理论创新与理论借鉴相统一。比较和借鉴，是理论创新的一种重要方法。真正的理论自信来自一种开放，来自能够有效吸收一切有益的成果。当代中国的伟大社会变革，不是简单延续我国历史文化的母版，不是简单套用马克思主义经典作家设想的模板，更不是其他国家社会主义实践的再版，当然也不是国外现代化发展的翻版，因此必须进行理论创新。但同时也要立足中国，胸怀世界，在比较和借鉴中，不断实现理论创新。

我们要坚持古为今用、洋为中用，融通各种资源，不断推进知识创新、理论创新、方法创新。一百多年来，中国共产党以宽广的世界眼光，在世界发展的历史坐标中吸收和借鉴人类文明的有益成果，使中国发展融入了人类文明发展的大道，促进人类社会进步。

理论创新与理论武装相同步。理论创新永无止境，理论武装永不停歇。理论一经群众掌握，就会变成强大的物质力量。中国共产党不仅是一个坚持理论创新的政党，同时还是一个善于进行理论武装的政党。一百多年来，我们党坚持不懈用马克思主义中国化时代化最新成果武装头脑、凝心聚魂，指导实践、推动工作。习近平新时代中国特色社会主义思想是当代中国马克思主义、二十一世纪马克思主义，实现了马克思主义中国化新的飞跃。党确立习近平同志党中央的核心、全党的核心地位，确立习近平新时代中国特色社会主义思想的指导地位，反映了全党全军全国各族人民的共同心愿，对新时代党和国家事业发展、对推进中华民族伟大复兴历史进程具有决定性意义。我们要用习近平新时代中国特色社会主义思想武装全党、教育人民，在学懂弄通做实上下功夫，切实把理论创新成果转化为干事创业的实际成效。

《中共中央关于党的百年奋斗重大成就和历史经验的决议》指出："党和人民事业发展需要一代代中国共产党人接续奋斗，必须抓好后继有人这个根本大计。”青少年是祖国的未来，民族的希望，是中国特色社会主义建设的生力军，是实现中华民族伟大复兴中国梦的主体力量。我们要大力推进习近平新时代中国特色社会主义思想进教材、进课堂、进学生头脑，切实提高用习近平新时代中国特色社会主义思想铸魂育人的实效性，培养造就大批堪当民族复兴大任的时代新人。

三、坚持胸怀天下，推进新时代党的理论创新

把马克思主义基本原理同中国具体实际相结合、同中华优秀传统文化相结合，不断实现理论和实践创新，是马克思主义在中华大地生根开花结果的根本途径。这“两个结合”很好地解决了马克思主义从一般到个别的重大理论和实践问题。而“两个结合”要很好实现，就离不开“坚持胸怀天下”的世界眼光和人类情怀。

“必须坚持胸怀天下”体现了马克思主义的初心和使命。人类情怀是马克思主义鲜明的品质。《共产党宣言》首句：“一个幽灵，共产主义的幽灵，在欧洲游荡”，尾句：“全世界无产者，联合起来”，都充分彰显了这一鲜明品质。习近平总书记在纪念马克思诞辰200周年大会上强调，马克思主义博大精深，归根到底就是一句话，为人类求解放。在马克思之前，社会上占统治地位的理论都是为统治阶级服务的。马克思主义第一次站在人民的立场探求人类自由解放的道路，以科学的理论为最终建立一个没有压迫、没有剥削、人人平等、人人自由的理想社会指明了方向。因此，离开了人类的情怀、世界的眼光，离马克思主义也就相距甚远了。

中国共产党的创立，是1919年五四运动以后中国工人运动发展的结果，是近代中国历史发展的结果，是中国近代工人运动发展的结果，也是国际共产主义运动发展的结果，是顺应世界发展大势的结果。中国共产党从诞生的那一天起就是以马克思主义为指导的，我们之所以在众多的思潮当中、众多的主义当中选择马克思主义为指导，正是因为对马克思主义科学性、先进性深信不疑，这也正是对马克思主义"人类情怀"的认同。因此，人类情怀、世界眼光是中国共产党人的基因，选择了马克思主义为指导就选择了真理的制高点、选择了道义的制高点。中国共产党在革命斗争中曾经获得共产国际许多帮助。回顾我们党一百多年的历程，始终是把为人类作出更大贡献作为自己的使命。一百多年的历史证明，我们党既是为中国人民谋幸福、为中华民族谋复兴的政党，也是为人类谋进步、为世界谋大同的政党，只有更好地理解这"四为四谋"，才能正确把握我们党完整的初心和使命。

"必须坚持胸怀天下"是我们党百年理论创新和实践创新的宝贵经验。回顾这一百多年的历程，可以清晰地看到无论是在革命、建设、改革各个历史时期还是在新时代，我们党始终是以世界眼光在关注人类的前途命运，始终从人类发展大潮流、世界变化大格局、中国发展大历史来正确认识和处理同世界的关系。一百多年来，我们党始终和外部世界处于相互的互动当中，并在这种互动当中不断开创革命道路，乃至今天的现代化道路。回顾中国革命之所以能够走上胜利发展的道路，很重要的一个原因就是吸收了世界无产阶级革命的经验，也吸取了世界无产阶级革命的教训。我们能够走出中国式现代化新道路，创造人类文明新形态，很重要的原因就是西方现代化和苏联以及其他国家的社会主义现代化建设构成了中国式现代化的镜鉴。党的二十大报告谈到了中国式现代化五个方面的中国特色，每一个方面都是以西方现代化作为镜鉴的，是对应西方现代化而言的。这种对着讲不是语言的游戏，而是实践当中我们的创造，是实践成果的反映，也就是实践当中我们是这么做的。因此，中国式现代化的开创以及顺利推进都是基于我们的世界眼光，基于我们党具有的人类情怀。我们党的领导人也因此都具有强烈的世界眼光和人类情怀，形成了自己独特的“世界观”。从毛泽东同志“三个世界”理论到邓小平同志“和平发展”时代主题，到习近平总书记的构建人类命运共同体，这些重大创新性理念与实践对世界产生了深远的影响。

“必须坚持胸怀天下”是中国化时代化的马克思主义走向世界、为人类作出更大贡献的重要途径。新时代新征程对中国化时代化的马克思主义提出了更高的要求，也提出了更强的挑战。新时代新征程，中华民族伟大复兴进入关键时期，中国同世界的关系发生历史性的新变化。逐渐步入世界舞台中央的中国具有什么样的世界眼光、具有什么样的人类情怀，直接影响了我们能否真正在世界舞台中央持久地站立。一个没有世界眼光、没有人类情怀的民族不可能走向世界舞台中央，也不可能持久地占据世界舞台中央。建设社会主义现代化强国进程中会面临很多的问题与挑战，其中很重要的一个挑战是来自外部环境的变化，就是世界环境的变化。世界百年未有之大变局在往深层次方向发展，如果不能够洞察这个变化的逻辑及规律，中国自身的建设就很难顺畅地推进。所以要想谱写马克思主义中国化时代化新篇章，既要立足于中国大地汲取中华优秀传统文化的滋养，回答好中国之问，又要拓展世界眼光、洞察人类发展进步潮流，以宽广的胸襟吸收人类一切优秀文化成果，回答好世界之问。

第二讲

马克思主义基本原理同中华优秀传统文化相结合的历史考察与时代要求

王 易

党的十九届六中全会通过了《中共中央关于党的百年奋斗重大成就和历史经验的决议》（本篇以下简称《决议》），对习近平新时代中国特色社会主义思想作出了精准的概括和阐述，既是突出亮点，也是重大贡献。《决议》指出："习近平新时代中国特色社会主义思想是当代中国马克思主义、二十一世纪马克思主义，是中华文化和中国精神的时代精华，实现了马克思主义中国化新的飞跃。"[①] 这一论断科学地概括了习近平新时代中国特色社会主义思想的理论内涵和重大意义，标识了它在马克思主义发展史、中华文化发展史上的重要地位，重申了我们党不仅不能丢了马克思主义"老祖宗"，也不能丢了中华优秀传统文化的"根与脉"。由此，从这一科学论断出发，系统总结中国共产党百年来就马克思主义基本原理同中华优秀传统文化相结合取得的理论成果

---

① 《中共中央关于党的百年奋斗重大成就和历史经验的决议》，人民出版社 2021 年版，第 26 页。

与实践经验，是新时代继续推进马克思主义中国化的应有之义。

一、马克思主义基本原理同中华优秀传统文化相结合的重要意义

时代是思想之母，实践是理论之源。习近平总书记立足发展当代中国马克思主义、二十一世纪马克思主义，提出坚持把马克思主义基本原理同中华优秀传统文化相结合，这是习近平新时代中国特色社会主义思想的突出亮点与重大贡献，对进一步推动马克思主义中国化、从更深层次激活中华优秀传统文化的生命力具有重要理论价值与时代意义。

（一）马克思主义基本原理同中华优秀传统文化相结合是习近平新时代中国特色社会主义思想的创新性体现

习近平总书记在庆祝中国共产党成立100周年大会上，提出“坚持把马克思主义基本原理同中国具体实际相结合、同中华优秀传统文化相结合”这一重要命题，以强烈的时代意识和深邃的历史眼光，明确了丰富发展马克思主义和激活中华优秀传统文化生命力的必然要求，是运用马克思主义立场、观点和方法实现中华优秀传统文化创造性转化和创新性发展的生动典范。

首先，立足民族伟大复兴，提出坚定文化自信必须弘扬中华优秀传统文化。高度的文化自信，繁盛的文化发展，是实现中华民族伟大复兴的内在要求。要增强文化自信，就“要讲清楚中华优秀传统文化的历史渊源、发展脉络、基本走向，讲清楚中华文化的独特创造、价值

理念、鲜明特色”[①]。其次，立足中华文化发展，提出中华优秀传统文化是我们最深厚的文化软实力。提高国家文化软实力就要努力展示中华文化的独特魅力，“讲清楚中华优秀传统文化是中华民族的突出优势，是我们最深厚的文化软实力”。[②]再次，立足核心价值观培育，提出中华优秀传统文化是涵养社会主义核心价值观的重要源泉。中华优秀传统文化是中华民族的精神命脉，以中华优秀传统文化涵养社会主义核心价值观[③]，是中华民族立足世界文化大潮的坚实根基。最后，立足治国理政，提出中华优秀传统文化可以为治国理政提供有益启示。历史传承与文化传统是中华民族历史上积淀存储的智慧与力量，也是攻克诸多突出难题的思想滋养，可以为治国理政提供有益启示[④]。

（二）马克思主义基本原理同中华优秀传统文化相结合有利于推进马克思主义在中国落地生根

习近平总书记指出：“马克思主义传入中国后，科学社会主义的主张受到中国人民热烈欢迎，并最终扎根中国大地、开花结果，决不是偶然的，而是同我国传承了几千年的优秀历史文化和广大人民日用而

① 习近平：《把培育和弘扬社会主义核心价值观作为凝魂聚气强基固本的基础工程》，《人民日报》2014 年 2 月 26 日。

② 《习近平在全国宣传思想工作会议上强调 胸怀大局把握大势着眼大事 努力把宣传思想工作做得更好》，《人民日报》2013 年 8 月 21 日。

③ 习近平：《把培育和弘扬社会主义核心价值观作为凝魂聚气强基固本的基础工程》，《人民日报》2014 年 2 月 26 日。

④ 习近平：《从延续民族文化血脉中开拓前进 推进各种文明交流交融互学互鉴》，《人民日报》2014 年 9 月 25 日。

不觉的价值观念融通的。”[①] 正是因为这种融通结合，马克思主义才在中国化过程中逐渐落地生根，才在理论上更有解释力，在实践上更有推动力，在文化上更有吸引力。

首先，只有同中华优秀传统文化相结合，马克思主义在理论向度上才更具解释力。马克思主义要在理论上说服人，就要对中国有强大的解释力，能够讲清楚中国的过去、解释好中国的现在、科学预测中国的未来。中华优秀传统文化蕴含着中华民族独有的精神世界与思维方式，马克思主义只有同其相结合，才能契合中国人特有的理性思辨和知识智慧，提升自身对中国的解释力。其次，只有同中华优秀传统文化相结合，马克思主义在实践向度上才更有推动力。马克思主义不止于阐释世界，还要充分发挥其实践性来改造世界。几千年来，中华优秀传统文化已经内化为中华民族的实践方式与行为习惯，马克思主义只有与其相结合，才能在实践中以符合中国人的思想方式和行为方式为人们所接受，进而激发人们的积极性、主动性和创造性来改造中国、创造奇迹、影响世界。最后，只有同中华优秀传统文化相结合，马克思主义在文化向度上才更有吸引力。中华优秀传统文化蕴含的思想理念、人文精神、传统美德等是中华民族特有的文化标识，马克思主义只有同其相结合，所形成的中国特色社会主义文化才会对内产生强大的亲和力、向心力、凝聚力，对外产生强大的感染力、吸引力、影响力。

---

① 习近平：《坚持和完善中国特色社会主义制度推进国家治理体系和治理能力现代化》，《求是》2020 年第 1 期。

（三）马克思主义基本原理同中华优秀传统文化相结合有利于激活中华优秀传统文化的生命力

当代中国既是中国共产党领导下的社会主义中国，也是具有五千多年历史的古老中国的当代存在。中华优秀传统文化是中华民族的突出优势，是我们最深厚的文化软实力，但是突出优势与文化软实力的发挥并不是一个自然而然的过程，因此，需要花大力气来阐释好中国价值、中国精神、中国力量。

首先，中华优秀传统文化只有以马克思主义为指导才能更好构筑中国价值。牢固的核心价值观，都有其固有的根本。构筑好中国价值，就是要充分发挥中华优秀传统文化对社会主义核心价值观的涵养作用。然而，中华优秀传统文化具有涵养作用并不意味着其可以被直接套用，必须坚持运用马克思主义的立场、观点和方法对其优秀部分加以挖掘和创造，才能更好构筑中国价值。其次，中华优秀传统文化只有以马克思主义为指导才能更好弘扬中国精神。中国共产党在百年奋斗中构筑起了以伟大建党精神为源头的精神谱系，形成了开天辟地、改天换地、翻天覆地、惊天动地的中国实践，中华优秀传统文化只有在马克思主义指导下才能彰显其精神魅力，更好构筑中国精神。最后，中华优秀传统文化只有以马克思主义为指导才能更好凝聚中国力量。作为中华民族共有的精神家园，中华优秀传统文化能够在关键时刻凝聚起中华民族的伟大团结力量。然而，在历史发展过程中，这种团结的磅礴之力曾经由于缺乏共同理想追求而难以在关键时刻充分发挥出来。中国共产党成立之后，在马克思主义指导下，中华民族自此有了共产主义远大理想和中国特色社会主义共同理想。中华优秀传统文化所蕴含的凝聚力与向心力因此得以被激发，引导中华民族为共同理想而努力奋斗，汇聚起强大的中国力量。

二、中国共产党百年来坚持马克思主义基本原理同中华优秀传统文化相结合的理论与实践

习近平总书记指出："中国共产党从成立之日起，既是中国先进文化的积极引领者和践行者，又是中华优秀传统文化的忠实传承者和弘扬者。"[①] 百年征程中，中国共产党始终重视马克思主义与中华优秀传统文化的密切关系，在推动马克思主义中国化的进程中，不断实现二者相结合，产生丰硕的理论成果和历史经验。

（一）马克思主义基本原理同中华优秀传统文化相结合是"马克思主义中国化时代化"的题中应有之义

"马克思主义中国化"是中国共产党的伟大创造。回望近代以来的历史，当马克思主义在欧洲诞生时，中国开始蒙受自鸦片战争以来沦为半殖民地半封建社会的屈辱历史；当马克思主义在欧美广泛传播时，中国早期的救亡图存者刚刚开始向西方学习的进程。这是一个时空的差距，这个差距决定了马克思主义指导中国必须经过转化发展，并与中国实际相结合。1938 年 10 月，在中国共产党六届六中全会上，毛泽东同志深刻地指出，要"使马克思主义在中国具体化，使之在其每一表现

① 习近平：《决胜全面建成小康社会 夺取新时代中国特色社会主义伟大胜利——在中国共产党第十九次全国代表大会上的报告》，人民出版社 2017 年版，第 44 页。

中带着必须有的中国的特性”[①]，标志着“马克思主义中国化”这一理论创新的科学命题正式提出。

“马克思主义中国化”具有丰富的内涵。它既包括运用马克思主义解决中国革命、建设、改革和新时代的实际问题，又包括把中国革命、建设、改革和新时代的实践经验提升为马克思主义中国化的理论成果，还体现在把马克思主义基本原理深深植根于中华文化之中。这是因为，在民族国家时代，马克思主义是不可能脱离各自的民族形式而获得抽象的发展的。在马克思主义中国化的时代，这一发源自西方的理论要同东方的文化底蕴有机结合才能充分发挥作用。坚持用马克思主义的真理力量激活中华优秀传统文化的生命力，是马克思主义中国化的题中应有之义。

（二）中国共产党是中华优秀传统文化的忠实传承者和弘扬者

在革命、建设、改革和新时代的伟大实践中，中国共产党善于从中华优秀传统文化中汲取丰厚滋养，创造性地阐述和应用马克思主义理论。可以说，百年党史也是一部传承和弘扬中华优秀传统文化的历史。

在新民主主义革命时期，早期共产党人积极探索把马克思主义基本原理同中华优秀传统文化相结合。例如，“实事求是”。“实事求是”这四个字在班固的《汉书·河间献王传》就已出现，被用来形容严谨好学的治学态度。毛泽东同志对这一古语进行了马克思主义的全新阐释，即“‘实事’就是客观存在着的一切事物，‘是’就是客观事物的内部联系，

① 《毛泽东选集》第二卷，人民出版社 1991 年版，第 534 页。

即规律性，‘求’就是我们去研究”[①]。由此，“实事求是”既是毛泽东思想的精髓，也成为中国共产党思想路线的重要组成部分。毛泽东同志还经常运用传统文化中的典故、俗语等对马列原理作深入浅出的解读。比如，讲到具体问题具体分析时，拿《水浒传》中宋江“三打祝家庄”的故事，形象生动地解释了改变方法、调查实际的重要性。在中共七大闭幕会上，毛泽东同志用“愚公移山”的故事，来鼓励中国人民在中国共产党的带领下挖掉帝国主义和封建主义两座大山。可见，党的早期领导人特别善于运用对中华优秀传统文化的深刻理解，精准、巧妙地表达马克思主义的深邃思想，使马克思主义具有民族形式。

在社会主义革命和建设时期，党的领导集体作出了把马克思主义基本原理同中华优秀传统文化相结合的有益尝试。以文艺为例，新中国成立后，文化建设逐渐起步，毛泽东同志多次给予指导和建议。例如，在同音乐工作者谈话时，毛泽东同志指出：“艺术离不了人民的习惯、感情以至语言，离不了民族的历史发展。……社会主义的内容，民族的形式，在政治方面是如此，在艺术方面也是如此。”[②]这就奠定了新中国成立初期党的文艺理论基础。此外，毛泽东同志还多次赞扬鲁迅是真正的马克思主义者，因为鲁迅不仅对外国的东西和中国的东西都懂，而且还不轻视中国的东西。这也是新中国成立初期，党在探索马克思主义基本原理同中华优秀传统文化相结合时，特别关注的方向，即如何正确对待民族文化传统与世界文化资源的关系。

① 《毛泽东选集》第三卷，人民出版社 1991 年版，第 801 页。
② 《毛泽东文集》第七卷，人民出版社 1999 年版，第 77—78 页。

在改革开放和社会主义现代化建设新时期，中国共产党继续推进马克思主义基本原理同中华优秀传统文化相结合的丰富发展。邓小平同志对传统文化具有很深的造诣，提出了“小康”社会的理念。1979年，邓小平同志会见日本首相大平正芳时，对方提问中国建设的目标。当时，邓小平同志借用《诗经》中“民亦劳止，汔可小康”的古语，提出“我们要实现的四个现代化，是中国式的四个现代化。……是‘小康之家’”[①]的论断，即达到介于温饱和富裕之间的一个生活发展阶段。江泽民同志在谈到保持共产党员先进性时，多次引用“先天下之忧而忧，后天下之乐而乐”“天下兴亡，匹夫有责”等古训。胡锦涛同志提出的和谐社会也源于中华优秀传统文化，“和而不同”的理念古已有之。可见，马克思主义基本原理同中华优秀传统文化相结合，不仅使马克思主义增添了民族文化底蕴，还使马克思主义基本原理同中华优秀传统文化的精髓融会贯通，成就了富含民族精神又具有现代气息的文化品格。

进入新时代以来，中国共产党不断开创把马克思主义基本原理同中华优秀传统文化相结合的新境界。党的十八大以来，习近平总书记高度重视继承和弘扬中华优秀传统文化，从“根与魂”“精神命脉”“文化基因”“重要源泉”“突出优势”等多个维度，补充、拓展和完善中华优秀传统文化的新时代内涵，并将中华优秀传统文化提升至启发治国理政的战略高度，坚持马克思主义指导思想不动摇，坚持以“四个讲清

① 《邓小平文选》第二卷，人民出版社 1994 年版，第 237 页。

楚”为工作导向，大力推进中华优秀传统文化的创造性转化和创新性发展，大力推进中华优秀传统文化的传承发展，特别是中华优秀传统文化教育工作。可以说，把马克思主义基本原理同中华优秀传统文化相结合提升到了前所未有的高度。

（三）中国共产党在引领践行先进文化中不断推动马克思主义基本原理同中华优秀传统文化相结合

中国共产党从一开始就以马克思主义这一科学理论体系为指导，扎根于中华优秀传统文化的深厚底蕴，带领人民创造出了革命文化和社会主义先进文化，凝聚成了中国特色社会主义文化。

中华优秀传统文化、革命文化和社会主义先进文化都是中华民族的伟大创造，是民族文化、民族禀赋和民族精神在不同时代的体现。在五千多年的历史长河中，中华民族用勤劳和智慧创造了无数的文化瑰宝，积淀成中华优秀传统文化。中国共产党成立后，肩负起带领中国人民谋求民族独立和人民解放的历史重任，创造了无产阶级领导的人民大众的反帝反封建的新民主主义革命文化。新中国成立后，以建设社会主义为主题，中国共产党带领人民掀开了文化建设的大幕。伴随着改革开放后中国经济社会的迅速发展，中国特色社会主义文化事业蒸蒸日上。革命文化和社会主义先进文化是在中国共产党的领导下由党和人民共同创造的，也代表着近代以来中华民族在文化领域的伟大创造。

革命文化、社会主义先进文化汲取了中华优秀传统文化的精髓，与中华优秀传统文化一脉相承。“在 5000 多年文明发展中孕育的中华优秀传统文化，在党和人民伟大斗争中孕育的革命文化和社会主义先进文化，积淀着中华民族最深层的精神追求，代表着中华民族独特的精神标识。”[①] 革命文化和社会主义先进文化赓续传承了中华优秀传统文化中对美好生活的向往和追求，虽然根据历史任务的不同各有特点，但是贯穿其中的核心精神始终一脉相承。中国共产党在推进马克思主义中国化的进程中，一方面使马克思主义扎根于中华优秀传统文化的土壤，呈现出中国人民喜闻乐见的形式；另一方面又使中华优秀传统文化在马克思主义的指导下随着时代的发展而推陈出新，在革命、建设、改革和新时代的实践中形成了革命文化和社会主义先进文化。例如，从“民惟邦本”到“为人民服务”“人民至上”，从“天行健，君子以自强不息；地势坤，君子以厚德载物”到“艰苦奋斗”“幸福生活都是奋斗出来的”，从“威武不能屈”到“不怕牺牲、英勇斗争”“中国永远不称霸、不扩张、不谋求势力范围”等，都生动体现了中华优秀传统文化与革命文化、社会主义先进文化的一脉相承。

中华优秀传统文化、革命文化和社会主义先进文化共同构筑了新时代中国特色社会主义文化，辩证统一于中国特色社会主义的伟大实践。中华优秀传统文化是中国特色社会主义文化的深厚沃土。革命文化和社会主义先进文化是在马克思主义指导下，在革命、建设、改革和新时代的进程中形成的优秀文化，体现了社会主义发展方向和中国特色，是中国特色社会主义文化的直接来源。可见，中国特色社会主义文化

① 《习近平谈治国理政》第二卷，外文出版社 2017 年版，第 36 页。

是中华优秀传统文化、革命文化和社会主义先进文化的融合发展，正因为把浑厚底蕴、时代气息、生动实践相联结，才增添了中国人的底气、骨气、志气，坚定了中华儿女无与伦比的文化自信。

三、在新时代马克思主义中国化时代化进程中，不断推进马克思主义基本原理同中华优秀传统文化相结合

坚持把马克思主义基本原理同中华优秀传统文化相结合，归根到底是继续推进马克思主义中国化时代化，焕发当代中国马克思主义、二十一世纪马克思主义强劲生命力的应有之义和必然要求。这就需要守正创新，接续谱写马克思主义中国化的新篇章。

（一）坚持马克思主义“主导意识”地位，把握马克思主义基本原理同中华优秀传统文化相结合的方向

坚持马克思主义基本原理同中华优秀传统文化相结合，不是用中华优秀传统文化取代马克思主义的指导地位，而是要把马克思主义置于“主导意识”的地位，同时扎根中华文化土壤，结合中国文化实际，继续推进马克思主义中国化，使马克思主义更贴近中国国情，更具有民族特色，能在更大程度上发挥指导作用。

一方面，要明晰马克思主义与中华优秀传统文化之间是“主导意识”与“支援意识”的关系，坚持两者相结合的实质是用马克思主义真理力量激活中华优秀传统文化，用中华优秀传统文化丰富和发展当代中国马克思主义、二十一世纪马克思主义。关于马克思主义与中国

传统文化之间的关系，理论界主要存在两种具有代表性的声音：一种观点将马克思主义与中国传统文化对立起来，认为二者不可调和；另一种观点则认为，马克思主义与中国传统文化之间具有诸多契合性，可以结合。方克立先生在解读儒学与马克思主义的关系时认为，当代中国马克思主义已经从理论和实践上找到了一条解决马克思主义与儒学关系问题的正确途径，即当代中国马克思主义需要从中国传统文化中吸取思想资源。不过有一个重要前提，就是必须坚持以马克思主义为指导，马克思主义与儒学的关系是主导意识与支援意识的关系。[①]“主导意识与支援意识关系”说主要是从古今关系立论，从坚持先进文化的前进方向立论，强调立足现实，顺应历史发展规律，而又不割断历史，将有价值的历史资源转化为支援意识，古为今用。

另一方面，在坚持马克思主义基本原理同中华优秀传统文化相结合的同时警惕和反对文化复古主义思潮。当前继续推进马克思主义中国化，仍然要按照马克思主义和时代特点与要求，对中华优秀传统文化的内涵加以补充、拓展、完善，赋予其现代表达形式，从而激活其生命力，增强其影响力和感召力。但需要注意，激活中华优秀传统文化的生命力并不等同于文化复古主义，那种企图用“儒化”了的意识形态话语体系代替马克思主义的做法是机械的、错误的，不但会威胁马克思主义在我国意识形态领域的指导地位，而且会割裂马克思主义和中国传统文化之间相互依存、相互促进的关系。

---

① 方克立:《关于马克思主义与儒学关系的三点看法》,《红旗文稿》2009 年第 1 期。

（二）挖掘中华优秀传统文化的精髓要义，明确马克思主义基本原理同中华优秀传统文化相结合的内容

中华优秀传统文化主要是指中国传统文化中可以给人们认识世界和改造世界提供思想启迪以及方法论启示的精华部分，其所蕴含的文化精神“跨越时空、超越国度、富有永恒魅力、具有当代价值”①。因此，实现两者的结合，需要明确相结合的内容，深入挖掘中华优秀传统文化的精髓要义。

一是挖掘讲仁爱、重民本、守诚信、崇正义、尚和合、求大同等核心思想理念。讲仁爱是中华优秀传统文化最核心的价值理念，儒家强调“仁者爱人”“亲亲而仁民，仁民而爱物”，主张推己及人、和睦友善、团结互助、亲仁善邻；重民本具体表现为“民惟邦本，本固邦宁”“民为贵，社稷次之，君为轻”等政治主张，体现了中华民族自古以来对于社会秩序、国家稳定以及执政规律的深刻认识；守诚信是维护社会伦理秩序的基本纲常规范，孔子不仅认为“人而无信，不知其可”，而且认为“民无信不立”；崇正义是中华民族的根本价值追求，“见义勇为”“舍生取义”“公义胜私欲”“义以为上”等都体现了人们追求和捍卫道义、正义和公义的责任担当精神；尚和合表现为天人合一的宇宙观、协和万邦的国际观、和而不同的社会观、人心和善的道德观，这些都深深植根于中国人的精神中，体现在中国人的行为上；求大同则表现为天下为公的政治理念、选贤与能的为政方略、讲信修睦

① 《习近平关于社会主义文化建设论述摘编》，中央文献出版社 2017 年版，第 201 页。

的社会秩序、天下太平的理想境界，反映了中华民族对人类未来社会发展的价值构想与美好期盼，也深刻反映并影响了中华民族的社会政治实践与道德理想追求。

二是挖掘自强不息、敬业乐群、扶危济困、见义勇为、孝老爱亲等中华传统美德。中华优秀传统文化蕴含着丰富的道德理念和规范，其中，“天行健，君子以自强不息”这一思想观点来源于中国古代典籍《周易》，目的是要求人们像大自然一样，永不退缩、永不言败、积极进取、奋发向上；敬业乐群出自《礼记·学记》，属于职业道德范畴，倡导人们努力钻研业务，多做利群之事，不论是“为政以德”“居官无私”的政德要求，还是“诲人不倦”“有教无类”“循循善诱”等师德规范，都体现着敬业乐群的观念；扶危济困是一种高尚的道德情操，体现在儒家倡导的“出入相友，守望相助，疾病相扶持”、法家呼吁的“死丧相恤，祸福相忧”、墨家提出的“兼相爱”等主张中；见义勇为最早出现于《论语·为政》,《宋史·欧阳修传》则有言：“天资刚劲，见义勇为，虽机阱在前，触发之，不顾，放逐流离，至于再三，志气自若也”，体现了古人追求正义、捍卫道义的崇高价值追求；孝老爱亲则蕴含于黄香温席、单衣顺母、卧冰求鲤、孔融让梨等传统故事中，贯穿于“父慈子孝、兄友弟恭、夫义妇顺”的家庭伦理观念中，已经发展成为公民道德建设工程的基石。

三是挖掘求同存异、和而不同，文以载道、以文化人，俭约自守、中和泰和等中华人文精神。中华优秀传统文化包含求同存异、和而不同的处世方法，提倡“万物并育而不相害、道并行而不相悖”，承认和维护文明的多样性，支持各民族、各文明之间加强相互交流、相互学习、相互借鉴，而不应该相互隔膜、相互排斥、相互取代，反对用强制手段来解决文明差异的企图和做法。中华优秀传统文化包含文以载道、以文化人的教化思想。如传统乡规民约、礼仪习俗、家风家训等都承载着重教崇德、以文教化的思想，承担着以文化人、以文育人的职责，融入了儒家所倡导的仁义礼智信等核心价值理念，具有思想启迪、价值引领的作用。中华优秀传统文化包含俭约自守、中和泰和的生活理念。中华民族素有尚俭的传统，不但把“俭”“侈”看作一种消费观念，而且视为一种道德善恶，认为“俭，德之共也。侈，恶之大也”。诸葛亮还进一步提出了“俭以养德”的观点。受“和合”思想的影响，中华民族还推崇中和泰和的生活理念，不仅讲求邻里和睦，还具有坚定的和平理念和大一统观念。

（三）聚焦中华优秀传统文化的“双创”发展，探索马克思主义基本原理同中华优秀传统文化相结合的路径

深入挖掘中华优秀传统文化的精髓要义，是为了明确两者相结合的内容，继而依据中华优秀传统文化创造性转化和创新性发展的要求，进一步探索实现二者结合的具体路径，以期提升中华优秀传统文化的影响力和感召力，同时不断开辟马克思主义中国化时代化新境界，让当代中国马克思主义、二十一世纪马克思主义展现出更强大的真理力量。

首先，在与现代结合中拓展中华优秀传统文化核心思想理念的内

涵。尽管讲仁爱、重民本、守诚信、崇正义、尚和合、求大同等核心思想理念是“用马克思主义科学扬弃观筛选过了的，排除了封建性糟粕的，‘与当代社会相适应、与现代文明相协调’的中国传统文化中的优秀部分或精华部分”[①]，但这些理念仍然要根据时代发展的客观需要，进行丰富、拓展和完善，以使之与现代相结合，为经济社会发展提供动力。例如，重民本这一优良政治传统。尽管古代统治阶级及其思想家们已清楚地知道，人民的支持对于社会安定和国家治理都具有重要作用，但还不可能真正认识到人民群众的历史作用，因而，就需要依据马克思主义群众史观赋予其新内涵，使之真正体现以人民为中心的发展思想。再如，守诚信，被儒家视为“五常”之一，但它跟社会主义核心价值观中的“诚信”还不是一回事，同样需要被赋予时代内涵，从而更好地涵养社会主义核心价值观之“诚信”。其他核心思想理念亦需要进行类似的创新和丰富。如此，才能真正实现传统文化古为今用，为治国理政提供精神养分，凝聚和激励中华民族为实现中华民族伟大复兴而团结奋斗。

其次，在与大众贴近中创新中华传统美德的话语表达方式。中华优秀传统文化的创造性转化和创新性发展、中华传统美德的传承和弘扬，必须真正结合人民群众的精神文化需要，找准人们思想的共鸣点，紧扣群众利益的交会点，对中华传统美德的话语表达方式进行创新，提升话语感染力，使其富有接近大众生活的新意义，不断丰富人们的精

---

① 杜运辉：《从“三大思潮对立互动”说到“马魂中体西用”论——访中国社会科学院学部委员方克立教授》，《马克思主义文化研究》2018 年第 2 期。

神世界，增强人们的精神力量。例如，可以努力实现从宏大叙事到微观经验的话语转向，将人民群众中涌现出来的先进典型和感人事迹作为传承中华传统美德的重要素材，减少抽象的概念叙事，转而采用人们喜闻乐见的口语化表达形式，把中华传统美德赋予在个体的感性认知、生活体验上；也可以运用丰富多样的艺术形式弘扬中华优秀传统美德，“推出一大批底蕴深厚、涵育人心的优秀文艺作品”，“实施中国经典民间故事动漫创作工程、中华文化电视传播工程，组织创作生产一批传承中华文化基因、具有大众亲和力的动画片、纪录片和节目栏目”。①

最后，在与世界接轨中弘扬中华人文精神。任何民族、任何国家的文明发展进步，都不可能不受其他民族、国家文明成果的影响，都不可能脱离人类文明发展的大道。所以，要着眼于世界文化发展的前沿，加强与世界文化的交流，汲取世界各民族文化的长处，取长补短以实现自我更新，同时争取在更大舞台上弘扬中华人文精神。一是实施中国传统节日振兴工程，丰富春节、端午、中秋等传统节日文化内涵，引导国外友人感知中华文化，不断推动具有中国特色的传统节日“走出去”，提升我国传统节日的国际吸引力和影响力。二是“充分运用海外中国文化中心、孔子学院，文化节展、文物展览、博览会、书展、电影节、体育活动、旅游推介和各类品牌活动，助推中华优秀传

---

① 中共中央办公厅、国务院办公厅:《关于实施中华优秀传统文化传承发展工程的意见》,《人民日报》2017 年 1 月 26 日。

统文化的国际传播”[①]，讲好中国故事、传播好中国声音、展示好中国形象。三是加强“一带一路”沿线国家文化交流合作，既推动体现中华文化特色、具有较强竞争力的文化产品走向国际市场，又展现中华人文精神中所蕴含的求同存异、和而不同的处世方式以及中和、泰和的生活理念，还要努力让世人感受我国走和平发展道路的决心以及对人类命运共同体理念的践行。

---

① 中共中央办公厅、国务院办公厅:《关于实施中华优秀传统文化传承发展工程的意见》,《人民日报》2017 年 1 月 26 日。

第三讲

从“结合”的探索到“两个结合”原则的确立

田心铭

习近平总书记在党的二十大报告中指出：“只有把马克思主义基本原理同中国具体实际相结合、同中华优秀传统文化相结合，坚持运用辩证唯物主义和历史唯物主义，才能正确回答时代和实践提出的重大问题，才能始终保持马克思主义的蓬勃生机和旺盛活力。”[①]这一论断指明了坚持“两个结合”的极端重要性。

深入学习领会习近平总书记关于“两个结合”的重要论述，要认真研究“结合”的探索、实施和“结合”理论创立、“结合”原则确立之间的关系，研究中国共产党从进行“结合”探索到确立“两个结合”思想原则的历程。

① 习近平：《高举中国特色社会主义伟大旗帜 为全面建设社会主义现代化国家而团结奋斗——在中国共产党第二十次全国代表大会上的报告》，人民出版社2022年版，第17页。

一、从进行“结合”探索到确立“结合”原则

中国共产党进行“结合”的探索和形成关于“结合”的理论、确立“结合”的原则，是密切关联的，但二者并不等同。深入研究“两个结合”，需要将这二者区分开来又统一起来，弄清楚它们之间的关系。

毛泽东同志在 1963 年回顾说：“马列主义普遍真理与中国具体实践相结合，这个口号就是在延安整风时提出的。”[①] 提出这个口号，表明我们党对于把马克思主义普遍真理同中国具体实际相结合达到了高度自觉的认识，以概念、判断的形式做出了理论表达，形成了关于“结合”的理论。毛泽东同志这一论断指明了，形成“结合”理论、确立“结合”原则，是在延安整风时期。

但是，党对“结合”的探索并不是从延安整风才开始的。毛泽东同志在 1941 年作的《改造我们的学习》报告中说：“中国共产党的二十年，就是马克思列宁主义的普遍真理和中国革命的具体实践日益结合的二十年。”[②] 这里说的“日益结合”，是中国共产党自 1921 年成立以来的 20 年一直在进行的、不断发展着的“结合”。这是指党对于“结合”的探索。延安整风中提出“结合”的口号，是党成立 20 年来探索的结果，是“结合”探索的理论结晶。

可见，“结合”的探索和关于“结合”的理论不是一回事，不能将二者等同起来。从进行“结合”的探索到提出“结合”的理论、确立“结合”的原则，有一个发展过程。这是从 1921 年建党到延安整风的

---

① 《毛泽东文集》第八卷，人民出版社 1999 年版，第 339 页。
② 《毛泽东选集》第三卷，人民出版社 1991 年版，第 795 页。

历程，是党不断总结经验上升为理论的过程，是认识从感性上升到理性的过程，是“实践、认识、再实践、再认识”不断提升的过程，也是以毛泽东同志为代表的中国共产党人同党内各种错误思想进行斗争、取得胜利的过程。1945 年 4 月党的六届七中全会通过的《关于若干历史问题的决议》开宗明义指出：“中国共产党自一九二一年产生以来，就以马克思列宁主义的普遍真理和中国革命的具体实践相结合为自己一切工作的指针，毛泽东同志关于中国革命的理论和实践便是此种结合的代表。”① 这个决议回顾总结党的历史，对这一重要结论做了深入、系统阐述。这也是对党成立 24 年来，从进行“结合”探索到形成“结合”理论的深刻总结。

“结合”的历史可以追溯到中国共产党成立之前。1917 年十月革命一声炮响给我们送来了马克思列宁主义。1919 年的五四运动推动了马克思列宁主义在中国的传播。中国共产党就是马克思列宁主义同中国工人运动“相结合”的产物。党一成立，就把马克思列宁主义作为观察国家命运的工具，虽然这时还没有对“结合”作出明确表述，没有提出为什么要“结合”和如何“结合”的理论，但实际上从此就开始了把马克思主义同中国具体实际相结合的探索。这一“结合”探索，既是运用马克思主义观察和研究中国实际的认识活动，又是以这种认识为指导开展革命运动、改变中国的实践活动，是在实践中认识、又在认识指导下实践，是实践和认识相统一的过程。

① 《毛泽东选集》第三卷，人民出版社 1991 年版，第 952 页。

毛泽东同志从建党以来的理论和实践就是党进行“结合”探索的代表。1941 年他在《关于农村调查》的讲话中回忆：我在 1920 年看了考茨基著的《阶级斗争》、陈望道翻译的《共产党宣言》和一个英国人作的《社会主义史》，“才知道人类自有史以来就有阶级斗争，阶级斗争是社会发展的原动力，初步地得到认识问题的方法论。可是这些书上，并没有中国的湖南、湖北，也没有中国的蒋介石和陈独秀。我只取了它四个字：‘阶级斗争’，老老实实地来开始研究实际的阶级斗争”。[①] 他说，我做了四个月农民运动，又下决心走了一个月零两天，调查了长沙、湘潭、湘乡、衡山、醴陵五县。这里生动地讲述了毛泽东同志在党成立前后所做的“结合”探索。在 1939 年写的《〈共产党人〉发刊词》中，毛泽东同志对中国共产党成立 18 年以来探索马克思列宁主义理论和中国革命实践相结合几个阶段的历史和经验做了阐述。第一阶段是党的幼年时期。我们在《毛泽东选集》中读到的《中国社会各阶级的分析》《湖南农民运动考察报告》，就是这一时期毛泽东同志进行“结合”探索的记录。但是在这一时期，我们党终究还是幼年的党，“还不善于将马克思列宁主义的理论和中国革命的实践相结合”。[②] 第二阶段是土地革命战争的时期。由于我们“更多地学会了将马克思列宁主义的理论和中国革命的实践相结合，我们党就能够进行了胜利的十年土地革命斗争”。[③] 历史告诉我们，毛泽东同志运用马克思主义的

---

① 《毛泽东文集》第二卷，人民出版社 1993 年版，第 379 页。
② 《毛泽东选集》第二卷，人民出版社 1991 年版，第 611 页。
③ 《毛泽东选集》第二卷，人民出版社 1991 年版，第 611 页。

阶级斗争和社会革命理论，从中国实际出发，开辟农村包围城市、武装夺取政权的革命道路，就是这一时期“结合”的成功探索。与此同时，如毛泽东同志所指出的，一部分同志跌下了机会主义的泥坑，则是从“对于马克思列宁主义的理论和中国革命的实践没有统一的理解而来的”。[①] 第三个阶段是正在进行的抗日民族统一战线时期。“凭借着党对于马克思列宁主义的理论和中国革命的实践之更加深入的更加统一的理解，就不但建立了抗日民族统一战线，而且进行了伟大的抗日战争。”[②]

“结合”理论是党对自身所进行的“结合”探索的认识，是党实施“结合”的实践—认识活动的自我反思。这一理论是随着“结合”探索的发展而逐步形成和发展起来的。毛泽东同志于 1930 年写下的《反对本本主义》在这一认识发展过程中具有重要地位，它表明毛泽东同志已经开始形成关于“结合”的理论。毛泽东同志针对当时红军中的教条主义思想提出，我们说马克思主义是对的，绝不是因为马克思这个人是什么“先哲”。我们欢迎这个理论，丝毫不存在什么“先哲”一类的形式的甚至神秘的念头在里面。“马克思主义的‘本本’是要学习的，但是必须同我国的实际情况相结合。”“中国革命斗争的胜利要靠中国同志了解中国情况。”“我们需要时时了解社会情况，时时进行实际调查。”[③] 这里已经提出了同我国的实际“相结合”的概念，“结合”的

① 《毛泽东选集》第二卷，人民出版社 1991 年版，第 611 页。
② 《毛泽东选集》第二卷，人民出版社 1991 年版，第 612 页。
③ 《毛泽东选集》第一卷，人民出版社 1991 年版，第 111—112、115 页。

思想有了比较明确的表达，“结合”理论已经呼之欲出了。毛泽东同志于1937年写作的《实践论》和《矛盾论》，系统阐述了马克思主义的认识论和辩证法，是马克思主义哲学中国化的奠基之作。《实践论》揭示的“实践、认识、再实践、再认识，这种形式，循环往复以至无穷”的人类认识发展规律，《矛盾论》阐明的“每一个事物内部不但包含了矛盾的特殊性，而且包含了矛盾的普遍性，普遍性即存在于特殊性之中”的矛盾普遍性和特殊性、共性和个性关系的辩证法以及“由特殊到一般，又由一般到特殊”的认识发展规律[①]，这两部著作从哲学高度对党内教条主义错误思想的深刻批判，为“结合”理论奠定了哲学世界观和方法论基础。1938年，毛泽东同志在党的六届六中全会上提出了“马克思主义的中国化”。他说：“马克思主义的中国化，使之在其每一表现中带着中国的特点，即是说，按照中国的特点去应用它，成为全党亟待了解并亟须解决的问题。”他强调，“把马克思主义应用到中国具体环境的具体斗争中去”。[②] 毛泽东同志于1939年写作的《〈共产党人〉发刊词》，总结建党以来“结合”探索的历史经验，明确提出了“马克思列宁主义的理论和中国革命的实践相结合”[③] 这一重要命题。在《改造我们的学习》《整顿党的作风》《反对党八股》等延安整风报告中，毛泽东同志对“结合”的思想作了深入阐述。延安整风极大地提高了全党的马克思列宁主义水平，统一了全党的思想，使毛泽东提出

① 《毛泽东选集》第一卷，人民出版社1991年版，第296、318、310页。

② 《建党以来重要文献选编（1921—1949）》第15册，中央文献出版社2011年版，第651页。

③ 《毛泽东选集》第二卷，人民出版社1991年版，第611页。

的这一思想成为全党的共识。在党的六届七中全会作出关于历史问题的决议之后，党的七大通过的党章明确规定："中国共产党，以马克思列宁主义的理论与中国革命的实践之统一的思想——毛泽东思想作为自己一切工作的指针。"[①] 这标志着中国共产党把马克思主义同中国实际相结合的成果——毛泽东思想确立为自己的指导思想，同时也标志着"结合"原则在全党正式确立。

1956 年，党的八大闭幕后不久，邓小平同志指出："十一年前，中国共产党第七次全国代表大会确定了这样的原则，即马克思列宁主义的普遍真理与中国革命的具体实践相结合，以此来指导我国的革命，指导我国的建设。这个原则是我们党和毛泽东同志根据过去革命中失败和成功的经验总结起来，并在第七、第八两次党代表大会上加以肯定的。"[②] "结合"原则是党长期以来进行"结合"探索的经验总结和理论升华。

历史显示的逻辑是，在党把马克思主义基本原理同中国具体实际相结合的过程中，从实施"结合"到创立"结合"理论、确立"结合"原则，是认识发展中的一个飞跃。

二、"两个结合"："结合"探索和"结合"理论发展中新的飞跃

自党的七大确立"结合"原则以来，党始终坚持并不断发展了

① 《建党以来重要文献选编（1921—1949）》第 22 册，中央文献出版社 2011 年版，第 533 页。

② 《邓小平文选》第一卷，人民出版社 1994 年版，第 258 页。

“结合”的理论和原则。2021 年 7 月 1 日，习近平总书记在庆祝中国共产党成立 100 周年大会上明确提出：“坚持把马克思主义基本原理同中国具体实际相结合、同中华优秀传统文化相结合”。[①] 这一重要论断的提出，标志着党的“结合”理论和“结合”原则发展成为“两个结合”。

党提出的第二个“结合”，即把马克思主义基本原理同中华优秀传统文化相结合，也是“结合”探索和“结合”理论的统一，也经历了从探索、实施到创立“结合”理论的过程。

在毛泽东思想的理论体系和话语体系中，“实际”这个概念包含两方面的含义，既是指“真实的情况”，又是指“人们的行动”，即“实践”。毛泽东同志亲自主持编辑的《毛泽东选集》对此作出了明确注释。[②] 他说：“除了我们的头脑以外，一切都是客观实际的东西。”[③] 党长期以来进行的把马克思主义基本原理同中国具体实际相结合的探索，包括同中国人民的实践相结合、同中国的客观真实情况相结合两个方面。就其中的客观真实情况这一方面而言，既包括现实的中国社会，也包括中国的历史发展和历史文化。毛泽东同志历来高度重视历史，重视对中国历史和传统文化的研究。1938 年在党的六届六中全会上提出“马克思主义的中国化”[④] 时，毛泽东同志强调，要研究我们民族的

① 习近平：《在庆祝中国共产党成立 100 周年大会上的讲话》，《光明日报》2021 年 7 月 2 日。

② 参见《毛泽东选集》第一卷，人民出版社 1991 年版，第 238 页。

③ 《毛泽东选集》第一卷，人民出版社 1991 年版，第 182 页。

④ 《建党以来重要文献选编（1921—1949）》第 15 册，中央文献出版社 2011 年版，第 651 页。

历史，学习我们的历史遗产。他说，我们这个民族有数千年的历史，有它的特点，有它的许多珍贵品，“从孔夫子到孙中山，我们应当给以总结，承继这一份珍贵的遗产”。他要求使马克思主义具有“新鲜活泼的、为中国老百姓所喜闻乐见的中国作风和中国气派”。① 在延安整风中，他批评有些马克思列宁主义的学者“言必称希腊，对于自己的祖宗，则对不住，忘记了”。② 在《新民主主义论》中，毛泽东同志精辟阐述了对待中国传统文化应有的科学态度，指出：“中国的长期封建社会中，创造了灿烂的古代文化。清理古代文化的发展过程，剔除其封建性的糟粕，吸收其民主性的精华，是发展民族新文化提高民族自信心的必要条件；但是决不能无批判地兼收并蓄。”③ 毛泽东同志的著作中有许多把马克思主义基本原理同中华优秀传统文化相结合的范例。例如，《实践论》以“论认识和实践的关系——知和行的关系”④ 为副标题，围绕着“认识和实践”即“知和行”的矛盾展开，揭示了人类认识发展的基本规律，在把马克思主义哲学基本原理同中国共产党领导的中国革命实践相结合的同时，继承、发展了中国哲学中围绕知行关系展开研究的优良传统，深刻体现了马克思主义同中华优秀传统文化的结合。毛泽东同志重新解释“实事求是”这一中华传统文化的重要命题，以此概括和阐述党的马克思主义的思想路线，是把马克思主义普遍真理同中华优秀传统文化相结合的典范。

---

① 《毛泽东选集》第二卷，人民出版社 1991 年版，第 534 页。
② 《毛泽东选集》第三卷，人民出版社 1991 年版，第 797 页。
③ 《毛泽东选集》第二卷，人民出版社 1991 年版，第 707—708 页。
④ 《毛泽东选集》第一卷，人民出版社 1991 年版，第 282 页。

习近平总书记提出坚持把马克思主义基本原理“同中华优秀传统文化相结合”，是在总结党百年来探索马克思主义同中华优秀传统文化相结合丰富经验的基础上实现的理论升华。

第二个“结合”的提出，使党的“结合”理论、“结合”原则发展成为“两个结合”。党的二十大报告不仅作出了坚持“两个结合”的重要论断，而且全面、深入阐述了“坚持和发展马克思主义，必须同中国具体实际相结合”，“坚持和发展马克思主义，必须同中华优秀传统文化相结合”，[①] 回答了为什么要坚持“两个结合”、如何坚持“两个结合”的问题，形成了关于“两个结合”的系统理论。这表明，我们党的“结合”探索和“结合”理论实现了又一个飞跃，达到了新的高度。

理解“两个结合”，如果看不到长期以来党探索把马克思主义同中华优秀传统文化相结合的历史和所取得的成果，以为马克思主义同中华优秀传统文化的结合是从提出这一命题开始的，是在党成立 100 年后才开始的，那是片面的。这样的看法不符合党的理论和实践发展的历史事实，忽视了党的理论、原则发展中的历史继承性、始终一贯性。

应该看到，虽然此前党对于把马克思主义同中华优秀传统文化相结合进行过长期探索，虽然此前提出的“把马克思主义基本原理同中国具体实际相结合”的论断内在蕴含着同中华优秀传统文化相结合这一

---

① 习近平：《高举中国特色社会主义伟大旗帜　为全面建设社会主义现代化国家而团结奋斗——在中国共产党第二十次全国代表大会上的报告》，人民出版社 2022 年版，第 17、18 页。

层含义，但是，进行了探索和形成理论、确立原则不是一回事，在表达理论、原则的命题中蕴含着某一层含义，同将其明确表达出来并作出阐述，也有重大区别。我们应该充分认识习近平新时代中国特色社会主义思想提出“两个结合”的重要意义，深刻理解马克思主义中国化时代化在这一重大问题上实现的新发展、新飞跃。

三、“两个结合”思想原则的确立和“两个确立”

对于在建党百年之际提出第二个“结合”从而确立“两个结合”思想原则的社会历史背景和重大意义，可以从多方面展开研讨。例如，当今世界正经历百年未有之大变局，中国前所未有地走近世界舞台中央，党领导人民成功走出了中国式现代化道路、创造了人类文明新形态，给世界提供了新的选择；习近平总书记关于人类文明和文化发展、关于传承和弘扬中华优秀传统文化和民族精神的重要论述坚持和发展了马克思主义文明观、文化观，深化了对中华优秀传统文化的认识；党的十八大以来我国意识形态领域形势发生了全局性、根本性转变，立破并举、激浊扬清，廓清了理论是非，矫正了工作导向，全党全国各族人民文化自信明显增强。这些新发展为第二个“结合”、“两个结合”思想的形成奠定了实践基础、理论基础和社会思想基础；在这些基础上提出的“两个结合”，又将进一步推动实践发展、理论发展和社会思想发展。而从总体上、根本上说，“两个结合”的提出，是同党的十八大以来以习近平同志为核心的党中央创立习近平新时代中国特色社会主义思想、引领中国特色社会主义进入新时代联系在一起的。

如果说1945年在党的六届七中全会作出《关于若干历史问题的决议》后，党的七大在确立毛泽东思想作为党的指导思想的同时，确立了把马克思主义基本原理同中国具体实际相结合的原则，是因为毛泽东思想就是坚持这一“结合”原则而实现的马克思主义中国化的伟大成果；那么，“两个结合”原则的确立，则是同2021年党的第三个历史决议和2022年党的二十大宣告的“两个确立”即“党确立习近平同志党中央的核心、全党的核心地位，确立习近平新时代中国特色社会主义思想的指导地位”[①]紧密联系、不可分割的，因为坚持“两个结合”是创立习近平新时代中国特色社会主义思想并引领中国特色社会主义进入新时代的根本途径。

党的二十大闭幕后不久，习近平总书记在延安考察时强调：“推进马克思主义中国化时代化的根本途径是‘两个结合’。”[②]这一论断指明了，“两个结合”就是党的十八大以来党推进马克思主义中国化时代化、创立习近平新时代中国特色社会主义思想的根本途径。这一思想已经体现在《中共中央关于党的百年奋斗重大成就和历史经验的决议》之中。《决议》指出：“以习近平同志为主要代表的中国共产党人，坚持把马克思主义基本原理同中国具体实际相结合、同中华优秀传统文化相结合，坚持毛泽东思想、邓小平理论、‘三个代表’重要思想、科学发展观，深刻总结并充分运用党成立以来的历史经验，从新的实际出发，创

① 《中共中央关于党的百年奋斗重大成就和历史经验的决议》，人民出版社2021年版，第26页。

② 《习近平在陕西延安和河南安阳考察时强调，全面推进乡村振兴，为实现农业农村现代化而不懈奋斗》，《光明日报》2022年10月29日。

立了习近平新时代中国特色社会主义思想。”[①]《决议》还指出：“习近平新时代中国特色社会主义思想是当代中国马克思主义、二十一世纪马克思主义，是中华文化和中国精神的时代精华，实现了马克思主义中国化新的飞跃。”[②] 这些重要论断明确指出了坚持“两个结合”与创立习近平新时代中国特色社会主义思想之间的关系，指明了习近平新时代中国特色社会主义思想与中华优秀传统文化之间的关系。

“两个结合”的思想是习近平新时代中国特色社会主义思想的重要内容。它作为其中的一个构成部分，是随着这一思想整体的形成、发展而形成、发展起来的，同时又作为内在因素对新思想整体的形成、发展起着重要作用。党的十八大以来“结合”原则发展成为“两个结合”原则的历程，同习近平新时代中国特色社会主义思想创立的过程、中国特色社会主义实践发展到新时代的过程是浑然一体、相伴而行的，是这一思想和实践发展过程的一部分。

党的十八大以来，以习近平同志为核心的党中央坚持理论创新和实践创新良性互动，在这种统一和互动中发展 21 世纪中国的马克思主义、推进中国特色社会主义实践。其根本成就，在理论方面，是创立了习近平新时代中国特色社会主义思想；在实践方面，是引领中国特色社会主义进入了新时代。由此看来，在理论方面，坚持“两个结合”是创立习近平新时代中国特色社会主义思想的根本途径；习近平新时

---

① 《中共中央关于党的百年奋斗重大成就和历史经验的决议》，人民出版社 2021 年版，第 23—24 页。

② 《中共中央关于党的百年奋斗重大成就和历史经验的决议》，人民出版社 2021 年版，第 26 页。

代中国特色社会主义思想是坚持“两个结合”的根本成就。在实践方面，中国特色社会主义进入新时代，是坚持“两个结合”的实践成果，同时又是提出“两个结合”、实现“结合”理论飞跃的实践基础、时代背景。要谈提出“两个结合”的历史背景，这就是总体背景。要谈提出“两个结合”的重要意义，这就是最根本的意义所在。

“两个结合”思想原则的确立，在马克思主义发展史上具有重要意义。这不仅是马克思主义中国化的发展，也是马克思主义普遍真理、基本原理的发展。

马克思主义是由它的基本原理构成的科学体系。马克思主义的发展，最重要的是它的基本原理的发展。各国马克思主义者把马克思主义运用于本国实际而提出的思想、原则，并非都具有超出一国范围的普遍真理性。中国共产党曾经在党内同把苏联经验神圣化的错误倾向做过长期斗争，历来反对照搬别国的经验，也希望别国不要照搬中国的经验。邓小平同志在同外国领导人谈话时曾多次强调，中国的经验不能“搬给别国”。他说：“外国的经验可以借鉴，但是绝对不能照搬。”“中国有中国自己的模式，莫桑比克也应该有莫桑比克自己的模式。”[①] 但是，也有一些基于一个国家的实践而产生的理论、原则，包含着超出一国范围的普遍真理性，为马克思主义基本原理的发展作出了贡献。马克思主义作为不断发展的开放的理论，它的基本原理是在指导各国马克思主义者和人民群众的实践中发展的。这是马克思主义发

① 《邓小平文选》第三卷，人民出版社 1993 年版，第 135、140、261 页。

展的规律。这就需要通过具体分析，把只适合于一个国家的思想、理论，同那些随着各国实践的新发展而发展起来的具有普遍真理性的马克思主义基本原理区分开来，区别对待，不能一概而论。

毛泽东同志、邓小平同志都曾经指出，“结合”原则具有普遍的真理性。邓小平同志说：“马克思列宁主义的普遍真理与本国的具体实际相结合，这句话本身就是普遍真理。它包含两个方面，一方面叫普遍真理，另一方面叫结合本国实际。”[①]1963 年，毛泽东同志在同印度尼西亚共产党代表团谈话时说：“这个口号写进了一九五七年莫斯科宣言，那里面说马列主义普遍真理要与各国的具体实践相结合。”[②] 这些论述中所说的“本国”“各国”，超出了“中国”一国的范围。在他们看来，中国共产党创立的“结合”原则也适用于“各国”。这样就将其提升到了普遍真理、基本原理的高度。

习近平新时代中国特色社会主义思想中的“两个结合”思想具有超出一国范围的普遍真理性，发展了马克思主义基本原理。毛泽东同志在《矛盾论》中指出：“矛盾的普遍性即寓于矛盾的特殊性之中。”“无个性即无共性。”[③]“把马克思主义基本原理同中国具体实际相结合、同中华优秀传统文化相结合”的思想，既揭示了推进马克思主义中国化的特殊规律，也揭示了包含在特殊性中的马克思主义发展的普遍规律，即把马克思主义基本原理同本国（或各国）具体实际相结合、同本国

① 《邓小平文选》第一卷，人民出版社 1994 年版，第 258—259 页。
② 《毛泽东文集》第八卷，人民出版社 1999 年版，第 339 页。
③ 《毛泽东选集》第一卷，人民出版社 1991 年版，第 304、320 页。

（或各国）优秀传统文化相结合，这是一条新提出的马克思主义基本原理，是对马克思主义的新贡献。

习近平总书记在党的二十大报告中强调：“我们要以科学的态度对待科学、以真理的精神追求真理，坚持马克思主义基本原理不动摇。”[①]在笔者看来，“结合”原则是毛泽东同志的马克思主义观的核心。[②]“两个结合”思想是习近平新时代中国特色社会主义思想提出的中国共产党人马克思主义观的核心思想，是当代中国马克思主义、二十一世纪马克思主义以科学态度对待马克思主义的思想原则。

---

① 习近平：《高举中国特色社会主义伟大旗帜 为全面建设社会主义现代化国家而团结奋斗——在中国共产党第二十次全国代表大会上的报告》，人民出版社 2022 年版，第 20 页。

② 参见田心铭：《毛泽东的马克思主义观的核心思想——把马克思主义普遍真理同中国具体实际相结合》，《北京大学学报》2010 年第 2 期。

第四讲

从“一个相结合”到“两个相结合”

——马克思主义中国化的又一里程碑

张允熠

习近平总书记在庆祝中国共产党成立一百周年大会上提出“两个相结合”命题，他在党的二十大报告中再次强调：“中国共产党人深刻认识到，只有把马克思主义基本原理同中国具体实际相结合、同中华优秀传统文化相结合，坚持运用辩证唯物主义和历史唯物主义，才能正确回答时代和实践提出的重大问题，才能始终保持马克思主义的蓬勃生机和旺盛活力。”[①]“马克思主义基本原理同中华优秀传统文化相结合”与“马克思主义基本原理同中国具体实际相结合”即本文所指称的“两个相结合”。“两个相结合”是马克思主义中国化最基本的运行路径和机制，为中国共产党意识形态理论的建设和对实践的指导提供了宝贵的历史经验。

“马克思主义同中国具体实际相结合”即“第一个相结合”，产生了

① 习近平：《高举中国特色社会主义伟大旗帜 为全面建设社会主义现代化国家而团结奋斗——在中国共产党第二十次全国代表大会上的报告》，《人民日报》2022年10月25日。

马克思主义中国化的第一个理论体系毛泽东思想；“马克思主义同中华优秀传统文化相结合”即“第二个相结合”，标志着习近平新时代中国特色社会主义思想体系的形成，体现了马克思主义中国化时代化的新发展。本文将主要就“第二个相结合”形成的理论渊源、发展心路历程和精神实质略作梳理，以飨学界。

一、“第一个相结合”含有“第二个相结合”的思想要素

1938年，毛泽东同志在党的六届六中全会《论新阶段》的报告中说：

共产党员是国际主义的马克思主义者，但马克思主义必须通过民族形式才能实现，没有抽象的马克思主义，只有具体的马克思主义。所谓具体的马克思主义，就是通过民族形式的马克思主义，就是把马克思主义应用到中国具体环境的具体斗争中去，而不是抽象地应用它。成为伟大中华民族之一部分而与这个民族血肉相联的共产党员，离开中国特点来谈马克思主义，只是抽象的空洞的马克思主义。因此，马克思主义的中国化，使之在其每一表现中带着中国的特性，即是说，按照中国的特点去应用它，成为全党亟待了解并亟须解决的问题。①

新中国成立后，于1952年出版发行的《毛泽东选集》第二卷中收录了《论新阶段》的第七部分《中国共产党在民族战争中的地位》，上述那段话改动如下：

共产党员是国际主义的马克思主义者，但是马克思主义必须和我国的具体特点相结合并通过一定的民族形式才能实现。马克思列宁主义的伟大

① 毛泽东：《论新阶段》，东北书局1947年印行，第111页。

力量，就在于它是和各个国家具体的革命实践相联系的。对于中国共产党说来，就是要学会把马克思列宁主义的理论应用于中国的具体的环境。成为伟大中华民族的一部分而和这个民族血肉相联的共产党员，离开中国特点来谈马克思主义，只是抽象的空洞的马克思主义。因此，使马克思主义在中国具体化，使之在其每一表现中带着必须有的中国的特性，即是说，按照中国的特点去应用它，成为全党亟待了解并亟须解决的问题。①

不难发现，除语句改动并有增删之外，实际内容的改动还是比较大的。主要有两点，一是在原文首句的主句中于“马克思主义必须”后增添了“和我国的具体特点相结合”10多个字；二是原文中的“马克思主义的中国化”删除了，代之以“使马克思主义在中国具体化”。这两个改动影响深远。从此，在党和国家领导人的讲话中以及党的文件文献中开始出现“马克思主义必须同中国具体实际相结合”或“马克思主义必须同中国革命的具体实践相结合”等固定句型，以表达马克思主义中国化的实质内容。这就是“第一个相结合”在文字上的正式出现。自那时起直至“文化大革命”结束，“马克思主义中国化”一语不再被提及，而代之以“马克思主义同中国具体实际相结合”或“使马克思主义在中国具体化”，等等。这一重大改动固然有着当时国内外深刻的政治和思想文化背景，本文在此不拟追述。但是，的确有必要梳理一下“第一个相结合”与“第二个相结合”的思想脉络及其关联。

早于毛泽东同志正式提出“马克思主义中国化”之前，艾思奇曾

① 《毛泽东选集》第二卷，人民出版社1991年版，第534页。

于1938年4月提出“现在需要来一个哲学研究的中国化、现实化的运动”，这里说的“哲学研究的中国化”实为马克思主义哲学研究的中国化，马克思主义哲学研究的“中国化、现实化的运动”显然是指马克思主义在思想文化层面上的中国化。当毛泽东同志在中共六届六中全会的报告中提出“马克思主义中国化”之后，艾思奇又写道：“我们说马克思主义中国化，就是在于把……马克思主义的基本原则，应用到中国的具体问题上来，就是在中国的现实地盘上来把马克思主义加以具体化，加以发展。”这里主要是说要用马克思主义基本原理去解决中国具体实际问题，同时在“把马克思主义加以具体化”即中国化的过程中发展马克思主义。虽然艾思奇强调的重点是马克思主义在实践层面上的应用，但若在马克思主义中国化进程中“加以发展”马克思主义，当然也不能排除理论和思想文化上的构建问题。

毛泽东同志在第一次提出“马克思主义的中国化”时，实际上已经点到了在文化方面的中国化问题。如他说：“洋八股必须废止，空洞抽象的调头必须少唱，教条主义必须休息，而代替之以新鲜活泼的、为中国老百姓所喜闻乐见的中国作风与中国气派。”[①] 此处的“中国作风与中国气派”显然是指精神特性和思想风貌问题，属于文化范畴。毛泽东同志的“两论”(《实践论》与《矛盾论》）的一个突出特点就是将马克思主义哲学与中国传统哲学、传统思维融为一体，充分展示了中国作风和中国气派，不仅是中国共产党领导的新民主主义革命实践在思

① 毛泽东：《论新阶段》，东北书局1947年印行，第111页。

想路线上反对教条主义和党内各种“左”、右倾错误思潮斗争中的一次哲学上的理论飞跃，而且是20世纪中国思想领域最具创造性的哲学著作。就《实践论》来说，这是继列宁之后阐述实践认识论最完备、最深刻的哲学著作。第一，毛泽东同志继承了马克思主义哲学的实践论，论述了一切从实际出发的唯物主义观点；第二，他用马克思主义的辩证唯物论的认识论阐述了中国传统的“知”“行”问题，至今仍闪烁着真理之光；第三，他运用辩证唯物主义的实践观正确阐发并解决了西方哲学史中长期存在的“经验论”和“唯实论”，中国哲学史上从明清之际到近代以来就争论不休的“实学”与“玄学”的辩争；第四，《实践论》指出了经验主义和教条主义的思想根源在于其“主观与客观相脱离”“理论与实践相脱离”的认识论特征，这在中国哲学中恰是宋明以来“道不离器”与“道在器外”的争论；第五，《实践论》吸收了中国哲学智慧，将其与马克思主义的认识论相融合，为马克思主义哲学与中国优秀的传统哲学相结合开辟了一条正确的道路。“两论”和毛泽东同志其他哲学著作中经常引用中国哲学和文化中的成语、故事来阐明马克思主义哲学中一些晦涩难懂的理论，是马克思主义哲学大众化的范例。如，他用“实事求是”“知行统一”“有的放矢”“无的放矢”“天不变，道亦不变”等中国哲学成语和典故来说明哲学辩证法和形而上学的对立，甚至引入《三国演义》中“眉头一皱，计上心来”以及民间谚语“秀才不出门，便知天下事”等来说明认识论中的一些问题。毛泽东同志的哲学不仅是“援中入马”的范例，也是“以马释中”反向格义的范例，通过“援中入马”和“以马释中”达到用马克思主义哲学批判改造中国固有哲学，从而达到马克思主义哲学与中国传统优秀哲学元素相融合，并赋予马克思主义以“中国气派”即民族风格和民族特色等中国文化的特征。

可见，在“马克思主义基本原理必须同中国具体实际相结合”即“第一个相结合”的提法中，已经包含着“同中华优秀传统文化相结合”的思想要素。新中国成立后，毛泽东同志在一些讲话中更加清晰地表明了他对“中国作风”“中国气派”“中国特点”等概念之文化内涵的界定。如 1956 年，他在同音乐工作者谈话中，反复强调外来文化必须用于中国实际并创造出属于中国自己的东西，也就是说，必须要实行“中国化”。他说：“应该越搞越中国化，而不是越搞越洋化。”[①] 这是他在新中国成立后罕见地重提中国化问题——这里的“中国化”仅指外来文化必须同中国文化相结合。他在谈到“中西医结合”时，也表达了同样的观点。

尽管毛泽东同志在新中国成立后没有再提“马克思主义的中国化”命题，但他在多种场合下都强调要把马克思主义基本原理同中国社会主义建设的实际相结合，即所谓的“二次结合”，并希望能在新的结合中形成“自己的理论”。如 1958 年，在成都会议上，毛泽东同志批评了党内的一些错误观点，他指出，“马列是指导，不是教条，教条论是最无出息的，最可丑的”；“要产生自己的理论”。[②] 1959 年 12 月至 1960 年 2 月，毛泽东同志在读苏联《政治经济学教科书》时发表了

---

① 《毛泽东文集》第七卷，人民出版社 1999 年版，第 82 页。
② 《建国以来毛泽东文稿》第七册，中央文献出版社 1992 年版，第 204 页。

多次谈话，指出："马克思这些老祖宗的书，必须读，他们的基本原理必须遵守，这是第一。但是，任何国家的共产党，任何国家的思想界，都要创造新的理论，写出新的著作，产生自己的理论家。""我们在第二次国内战争末期和抗争初期写了《实践论》、《矛盾论》，这些都是适应于当时的需要而不能不写的。现在，我们已经进入社会主义时代，出现了一系列的新问题，如果单有《实践论》、《矛盾论》，不适应新的需要，写出新的著作，形成新的理论，也是不行的。"[①]

毛泽东同志所讲的"新的著作""新的理论""自己的理论家"——这些无疑都是在思想文化层面上马克思主义基本原理同中华优秀传统文化相结合的结果，是对新的实践的概括总结，并反过来用以指导实践。

二、"两个相结合"的思想进路

"马克思主义和中国具体实际相结合"的提法中虽然包含着同中国文化相结合的思想要素，但在2012年11月习近平同志当选中共中央总书记之前，党的正式文献中始终没有出现过"马克思主义基本原理同中华优秀传统文化相结合"这样的提法。习近平总书记在党的二十大报告中指出："推进马克思主义中国化时代化是一个追求真理、揭示真理、笃行真理的过程。"[②] 从"一个相结合"到"两个相结合"的确有

① 《毛泽东文集》第八卷，人民出版社1999年版，第109页。
② 习近平：《高举中国特色社会主义伟大旗帜 为全面建设社会主义现代化国家而团结奋斗——在中国共产党第二十次全国代表大会上的报告》，《人民日报》2022年10月25日。

一个逐渐推进的过程。

新中国成立后毛泽东同志重提"中国化"三个字，就是希望在"吸收外来"的同时，能把外来文化同中国民族传统文化结合起来创造出有"中国特点"的属于自己的系统理论，哪怕这种理论"不中不西""非驴非马"也好。他说："非驴非马也可以。骡子就是非驴非马。驴马结合是会改变形象的，不会完全不变。中国的面貌，无论是政治、经济、文化，都不应该是旧的，都应该改变，但中国的特点要保存。应该是在中国的基础上面，吸取外国的东西。应该交配起来，有机地结合。"① 所谓"交配""有机地结合"，就是指中外文化之间有一个通过互动互鉴产生新的文化个体的进路。毛泽东同志还特别指出"这不是什么'中学为体，西学为用'。'学'是指基本理论，这是中外一致的，不应该分中西"② 等。这些思想十分深刻，对于马克思主义基本原理同中华优秀传统文化相结合，无疑有着重要的启发价值。

20 世纪 80 年代，邓小平同志多次强调"马克思主义基本原理与中国具体实践相结合"，但在他作为党的第二代中央领导集体的核心期间，笔者没有找到他公开重申"马克思主义中国化"的提法。只是到了 2001 年庆祝中国共产党成立 80 周年大会上，江泽民同志在讲话中说道："以毛泽东同志为核心的第一代中央领导集体和以邓小平同志为核心的第二代中央领导集体，带领我们党坚持把马克思列宁主义基本原理同中国具体实际紧密结合，形成了毛泽东思想、邓小平理论。这

---

① 《毛泽东文集》第七卷，人民出版社 1999 年版，第 82—83 页。
② 《毛泽东文集》第七卷，人民出版社 1999 年版，第 82 页。

两大理论成果，是中国化了的马克思主义，既体现了马克思列宁主义的基本原理，又包含了中华民族的优秀思想和中国共产党人的实践经验。”[①] 这段讲话的重要价值在于：这是党的最高领导人第一次重提“中国化马克思主义”即马克思主义中国化的命题，并对此作了新的概述和阐释。如：江泽民同志认为中国化了的马克思主义中“包含了中华民族的优秀思想”，这实际上已经触及“马克思主义同中华优秀传统文化相结合”即“第二个相结合”的内涵，只不过在文字表述上稍有差异，而且也没有把“两个相结合”并列提出。2002 年 7 月，江泽民同志在中国社会科学院建院二十五周年座谈会上的讲话中，明确提出“要善于把马克思主义基本原理同中国具体实际相结合，不断推进马克思主义的中国化，在实践中丰富和发展马克思主义”[②]，正是从那时起，“马克思主义中国化”重新在党的宣传报刊和理论界炽热起来。

不可忽视的是：在此之前，自改革开放以来，学术界已经有了关于“马克思主义中国化”探讨的声音，其中包括关于“两个相结合”的讨论。

例如，1987 年 12 月，方克立说：“马克思主义哲学也有一个中国化的问题，它要和中国革命与建设的具体实践相结合，也要和中国哲学优良传统相结合，在内容和形式上都成为真正是中国化的马克思主义。”[③] 这里明确主张中国化的马克思主义应包括“两个相结合”，一是

① 《江泽民文选》第三卷，人民出版社 2006 年版，第 270 页。

② 《江泽民文选》第三卷，人民出版社 2006 年版，第 492 页。

③ 方克立：《关于新儒学研究的几个问题》，《中国哲学史研究》1988 年第 1 期。

“和中国革命与建设的具体实践相结合”，二是“要和中国哲学优良传统相结合”；1992 年 12 月，张岱年说：“指导中国革命取得胜利的马克思主义，不是教条式的马克思主义，而是与中国革命实际密切结合的马克思主义。在政治上，马克思主义必须与中国革命实际相结合。在文化方面，马克思主义应与中国优秀传统相结合。”①这里也主张要“两个相结合”，“第一个相结合”是政治上的，“第二个相结合”是文化上的；1993 年 6 月，《江淮论坛》上一篇文章中写道：“中国特色社会主义不仅是马克思主义中国化的产物，也是中国优秀民族文化的产物。”作者此后进一步详细阐述了上述观点，对“两个相结合”的不同功能进行了论证：“马克思主义传到了中国，经过与中国革命的具体实践相结合、与中国传统文化相结合——即经过与中国文化的会通，产生了中国化的马克思主义。”②第一个结合“是在实际、实用、实践层面的结合”，第二个结合是在“理论、思想、精神层面的结合”，“第一种结合是具体问题具体分析并在革命行动中贯彻马克思主义的正确理论，第二种结合是从思想上丰富发展马克思主义理论体系使之具有中国风格和中国气派。”③“当马克思主义哲学的普遍原理与中国具体实际、中国优秀的传统文化相结合之时，它就能化作强大无比的精神力量，继而转化为强大无比的物质力量。”④

学术界的声响仅从学理层面上研讨，它可以服务于政治，为党和国

---

① 张岱年：《张岱年全集》第 7 卷，河北人民出版社 1996 年版，第 451 页。

② 张允熠：《中国文化与马克思主义》，山西教育出版社 1998 年版，第 400 页。

③ 张允熠：《中国文化与马克思主义》，山西教育出版社 1998 年版，第 281 页。

④ 张允熠：《四百年中国思想文化之大变局》，商务印书馆 2021 年版，第 456 页。

家的理论决策服务。但学术界的声音无论是在思想和实践的应用维度上，还是在理论与意识形态层级的高度上，其影响力都是有限的，更不具备全局性的指导意义。

三、“两个相结合”——马克思主义中国化的新叙事

习近平总书记在庆祝中国共产党成立 100 周年大会上的讲话中指出：“坚持把马克思主义基本原理同中国具体实际相结合、同中华优秀传统文化相结合。”① 作为党中央集体领导的核心，把“两个相结合”同时提出，这是第一次。“第二个相结合”是“第一个相结合”的深化与飞跃，是马克思主义中国化新叙事的开端，其理论价值和实践意义都十分重大。“两个相结合”既是对中国共产党成立后的第一个百年马克思主义中国化的经验总结，也是对第二个百年马克思主义中国化的理论前瞻，是从“初心”到“使命”的时代延伸。

“第二个相结合”是在 21 世纪百年未有之大变局的国内外复杂条件下面对新的时代特点阐发出的党在中国化马克思主义理论体系上的又一次深化，是新时代的新理论的第二个百年的逻辑起点；“第二个相结合”与“第一个相结合”提出的历史条件和时代课题要求虽然不同，但两者不是割裂的，而具有一体化和一脉相承的特点，彼此联结，相互支撑。

“第二个相结合”对“第一个相结合”在理论框架上有突破，在理

① 习近平:《在庆祝中国共产党成立 100 周年大会上的讲话》,《人民日报》2021 年 7 月 2 日。

论内涵上实现了飞跃，在实践上卓有成效。具体表现在：第一，把马克思主义基本原理同中华优秀传统文化相结合，是中国共产党人治国理政的思想文化基础；第二，把马克思主义基本原理同中华优秀传统文化相结合，凝结为当今中国的社会主义核心价值观；第三，把马克思主义基本原理同中华优秀传统文化相结合，一方面促进中国马克思主义理论体系的发展，另一方面促使中国传统文化自身的创造性转化和创新性发展，标志着中华文化发展的新阶段；第四，把马克思主义基本原理同中华优秀传统文化相结合，奠定了新时代“文化自信”的心理基石；第五，把马克思主义基本原理同中华优秀传统文化相结合，为推动构建“人类命运共同体”、促进人类和平与发展事业贡献中国智慧和中国方案；第六，把马克思主义基本原理同中华优秀传统文化相结合，是习近平新时代中国特色社会主义思想中“中国特色”的文化基因。中国化马克思主义、中国作风、中国气派、中国道路、中国模式、中国精神、中国价值、中国智慧、中国方案、中国声音、中国话语、中国力量、中国速度、中国故事……无不体现着“中国特色”这一鲜明标志，无不蕴含着中华优秀传统文化的基因。

“两个相结合”作为马克思主义中国化的新叙事，是习近平新时代中国特色社会主义思想体系中的重要构成部分。习近平总书记在党的二十大报告中指出：“我们确立和坚持马克思主义在意识形态领域指导地位的根本制度，新时代党的创新理论深入人心，社会主义核心价值观广泛传播，中华优秀传统文化得到创造性转化、创新性发展，文化事业日益繁荣，网络生态持续向好，意识形态领域形势发生全局性、根本性转变。”“确立和坚持马克思主义在意识形态领域指导地位的根本制度”致使“意识形态领域形势发生全局性、根本性转变”，取得这一成就离不开两个不可或缺的根本条件，一是以习近平同志为核心的党中央的坚强领导，这是中国特色社会主义最本质的特征；二是马克思主义基本原理同中华优秀传统文化相结合，使之“夯实马克思主义中国化时代化的历史基础和群众基础，让马克思主义在中国牢牢扎根”。[①]

四、“第二个相结合”的文化心理基础——契合与亲和

习近平总书记指出马克思主义只有植根于中华民族历史文化的沃土中其真理之树才能根深叶茂。这是马克思主义中国化时代化的前提条件。“第二个相结合”之所以能够实现，在于马克思主义同中华优秀传统文化之间存在着契合性和亲和力。习近平总书记说：

坚持和发展马克思主义，必须同中华优秀传统文化相结合。只有植根本国、本民族历史文化沃土，马克思主义真理之树才能根深叶茂。中华优秀传统文化源远流长、博大精深，是中华文明的智慧结晶，其中蕴含的天下为公、民为邦本、为政以德、革故鼎新、任人唯贤、天人合一、自强不息、厚德载物、讲信修睦、亲仁善邻等，是中国人民在长期生产生活中积累的宇宙观、天下观、社会观、道德观的重要体现，同科学社会主义价值观主张具有高度契合性。我们必须坚定历史自信、文化自信，坚持古为今用、推陈出新，把马克思主义思想精髓同中华优秀传统文化精华贯通起来、同人民群众日用而不觉的共同价值观念融通起来，不断赋予科学理论

① 习近平：《高举中国特色社会主义伟大旗帜 为全面建设社会主义现代化国家而团结奋斗——在中国共产党第二十次全国代表大会上的报告》，《人民日报》2022 年 10 月 25 日。

鲜明的中国特色，不断夯实马克思主义中国化时代化的历史基础和群众基础，让马克思主义在中国牢牢扎根。①

习近平总书记概述了中华优秀传统文化源远流长、博大精深的内涵，他用了10个成语40个字总结中华民族数千年文明的智慧结晶，这10个成语都出于中华古籍：

“天下为公”“讲信修睦”源出于《礼记》；

“民为邦本”“任人唯贤”源出于《尚书》；

“为政以德”源出于《论语》；

“亲仁善邻”源出于《左传》；

“革故鼎新”“自强不息”“厚德载物”源出于《周易》；

“天人合一”源出于《庄子》。

前五种都是儒家经典，第六种《庄子》属于道家学派。实际上中国古典哲学各家各派都主张“天人合一”。

中华文明的智慧结晶蕴含着深刻的意义，有着自身内在的逻辑结构，即由宇宙观、天下观、社会观、道德观所构成。具体为：宇宙观以“天人合一”为代表。这种宇宙观并不是一种纯粹的自然观，而是以人为中心的天、地、人三者的和谐统一，即人类社会与自然环境的辩证统一。中国哲学的宇宙观是生生不息、日新常新的，具有创新精神，所以称为“革故鼎新”。天下观以“天下为公”的命题为代表。中国哲学的“天下观”并非指地理意义上的“天下”，它同宇宙观密切相连，具有深刻的政治文化内涵。“天下”通常指黎民百姓即人民群众。

① 习近平：《高举中国特色社会主义伟大旗帜 为全面建设社会主义现代化国家而团结奋斗——在中国共产党第二十次全国代表大会上的报告》，《人民日报》2022年10月25日。

儒家的天下观主张“四海之内皆兄弟”，向往人人平等、没有剥削、没有阶级、没有压迫的“人不独亲其亲，不独子其子……”那种天下一家、万物一体的大同社会；“大道之行，天下为公”也可以概括中国传统文化的社会观。这种理想社会的具体化，包括人民是国家的根本即“民为邦本”——传统的民本主义；“为政以德”——传统的德治思想；“任人唯贤”——传统的“选贤与能”的选拔人才的思想；等等。“大道之行”与“天下为公”两者互为因果链，“大道”就是公平、正义、平等、仁爱等社会价值观的综合体；道德观可用《易经》中的“自强不息”“厚德载物”来概括。这些名言蕴含了非常深刻的道理，既包含着个人的道德修养和人生境界，也包含着社会责任和天下情怀。“讲信修睦”“亲仁善邻”等“圣贤”准则可用在个人修行和人际交往上，也可用在治国理政、国际外交上。中国传统哲学中的宇宙观、天下观、社会观、道德观是相互联系、辩证统一的，共同构成了中国古代优秀传统文化的核心价值观。

习近平总书记指出，中国人民在长期生产生活中积累的宇宙观、天下观、社会观、道德观“同科学社会主义价值观主张具有高度契合性”。这种契合性主要表现在：两者在“宇宙观”上相契合，即都属于无神论和唯物论的宇宙观；两者在“天下观”上相契合，都主张“人类命运共同体”，前者是“四海之内皆兄弟”，后者是“自由人的联合体”；两者在社会观上相契合，中国传统文化向往“天下为公”的大同社会，马克思主义的科学社会主义是主张公有制的共产主义；两者在道德观上具有契合之处，中国传统文化主张“人人皆可为尧舜”，而马克思主义主张在物质财产极大丰富的基础上人的道德水平极大地提高。

马克思和恩格斯曾说“中国的社会主义跟欧洲的社会主义象中国哲学跟黑格尔哲学一样具有共同之点”①，这句话含义隽永、深刻。众所周知，欧洲的空想社会主义与黑格尔哲学都是马克思主义的理论来源，认为“中国的社会主义与欧洲的社会主义像中国哲学与黑格尔哲学一样具有共同之点”，等于间接地承认中国优秀的传统文化与马克思主义哲学和科学社会主义也有着共同之点。习近平总书记所说的中华优秀传统文化与科学社会主义价值观之间的这种“高度契合性”，也就是马克思所说的中欧之间的“共同之点”。这种“契合性”和“共同之点”也正是两种思想文化体系之间的亲和力。由契合到亲和再到相结合，这正是马克思主义中国化在文化心理上的原动力。

综上而知，“两个相结合”开启了马克思主义中国化的新叙事，标志着马克思主义中国化的又一里程碑，是习近平新时代中国特色社会主义思想在理论上的创新之举和新的理论贡献。它体现了几代中国共产党人一脉相承的“初心”与“使命”，凝结着时代精神的精华和中华民族的高度智慧。“两个相结合”将推进中华民族的文化传统、道德体系、法理体制、政经制度层面在马克思主义的指引下进入新的繁荣发展的新纪元，其最后的指向必然是实现中华民族伟大复兴的“中国梦”。

---

① 《马克思恩格斯全集》第 7 卷，人民出版社 1959 年版，第 265 页。

第五讲

“实现两个结合”需要处理好五大关系

孙熙国

党的十八大以来，当代中国哲学社会科学发展取得了巨大的成就，但是依然面临着许多亟待解决的问题，如发展战略还不十分明确，学科体系、学术体系、话语体系建设水平总体不高，学术原创能力还不强，哲学社会科学训练培养教育体系不健全，学术评价体系不够科学，管理体制和运行机制还不完善，人才队伍总体素质亟待提高，学风方面问题还比较突出，等等。在这些众多的问题中亟须解决的最根本问题是如何用习近平新时代中国特色社会主义思想指导和引领当代中国哲学社会科学发展，把马克思主义基本原理同中国具体实际相结合、同中华优秀传统文化相结合，坚持运用辩证唯物主义和历史唯物主义，正确回答时代和实践提出的重大问题。有效地解决这一问题，必须处理好五大关系，即正确处理好一元指导与繁荣发展的关系，也就是“一”与“多”的关系；正确处理好“事”与“理”的关系，坚持把马克思主义基本原理与中国实际相结合，用马克思主义基本原理思考和解决当代中国的问题；正确处理好“古”与“今”的关系，坚持把马克思主义基本原理与中华优秀传统文化相结合，不忘本来，古为今用，以中国文化为载体；正确处理“中”与“西”的关系，吸收外来，洋为中用，积极吸收外来文化的有益成果；正确处理好“常”与“变”的关系，面向未来，坚持以综合创新为方法，不断从中国问题和中国实践中概括出中国理论。

一、坚持用习近平新时代中国特色社会主义思想引领当代中国哲学社会科学发展，正确处理好一元指导与繁荣发展的关系，即“一”与“多”的关系

发展当代中国哲学社会科学，推进马克思主义中国化，必须坚持马克思主义指导，坚持以人民为中心，用马克思主义观察时代、把握时代、引领时代，正确处理好一元指导与繁荣发展的关系，即“一”与“多”的关系。

“坚持以马克思主义为指导，是当代中国哲学社会科学区别于其他哲学社会科学的根本标志”[①]。这是习近平总书记在哲学社会科学工作座谈会上作出的重要论断。大家可能要问，这一论断的理论依据是什么？这就是当代中国是人民当家作主人的国家。让人民当家作主、实现人民群众对美好生活的向往的理论，就是马克思主义；让人民当家作主、实现人民对美好生活向往的组织和团队就是共产党；让人民当家作主、实现人民对美好生活向往的制度叫社会主义制度。在新的时

① 习近平：《在哲学社会科学工作座谈会上的讲话》，人民出版社 2016 年版，第 8 页。

代、在当代中国，我们做的一切事情都是为人民谋幸福、为民族谋复兴、为世界谋大同。践行这一思想就是践履马克思主义，就是践履共产主义。

“马克思主义是我们立党立国、兴党兴国的根本指导思想。”中国共产党和全中国人民立党立国依靠的是马克思主义，兴党兴国依靠的也是马克思主义。习近平总书记指出：“没有马克思主义信仰、共产主义理想，就没有中国共产党，就没有中国特色社会主义。”“马克思主义政党一旦放弃马克思主义信仰、社会主义和共产主义信念，就会土崩瓦解。”[①] 同样，没有马克思主义，就没有社会主义新中国。放弃了马克思主义，中华人民共和国的根基和国体就不复存在了。党的十九届四中全会通过的《中共中央关于坚持和完善中国特色社会主义制度、推进国家治理体系和治理能力现代化若干重大问题的决定》明确提出“坚持马克思主义在意识形态领域指导地位的根本制度”，为我们坚持用马克思主义指导当代中国哲学社会科学发展提供了根本遵循。

有人天真地认为，能不能不要或不讲根本指导，而让马克思主义作为诸种文化中的一种自然而然地发展。但是，这种想法和观点忽视了一个常识性的问题，这就是：“统治阶级的思想在每一时代都是占统治地位的思想。这就是说，一个阶级是社会上占统治地位的物质力量，同时也是社会上占统治地位的精神力量。”[②] 观念形态的文化属于上层建筑的范畴，任何上层建筑都是经济基础的反映，并且归根到底都服务

① 习近平：《在全国党校工作会议上的讲话》，《人民日报》2015 年 12 月 11 日。
② 《马克思恩格斯选集》第 1 卷，人民出版社 2012 年版，第 178 页。

于经济基础。无论哪一个国家、哪一种社会制度，还是古今中外，概莫能外。统治阶级是剥削者时，这种文化就要表达剥削者的愿望，统治阶级是劳动者时，这种文化就要表达劳动者的愿望。任何一个国家和民族，如果没有了反映和维护其经济基础的主导文化，该国家的存在就难以维系和持续。因此，坚定不移地坚持马克思主义在哲学社会科学中的指导地位，旗帜鲜明地用习近平新时代中国特色社会主义思想引领当代中国哲学社会科学发展，是由我国社会主义的根本性质和广大人民群众的切身利益决定的。

坚持思想上层建筑为经济基础服务，即坚持一元指导，这是古今中外一切国家的共性，决不是社会主义国家所独有的现象。任何一个国家，包括所谓“最民主”的国家，其指导思想也是一元的，区别只在于呈现形式和表现方式的差异。在资本主义社会中，这个“一元”，就是资本主义的意识形态。资本主义社会中的所谓“多元”和“自由”都是牢牢限制在为资本主义服务这个大框架之内的，因此，他们所说的“多元”都是资本主义的多元，他们所说的“自由”也都是维护资本主义统治的自由。只要我们认真研究一下资本主义社会的各种文化思潮，几乎找不到一种是真正为社会主义服务的，它们中的绝大多数在其本质上都是维护资产阶级政治统治的理论和学说。为什么会出现这种情况呢？马克思、恩格斯揭示了这一现象的秘密，这就是“占统治地位的思想不过是占统治地位的物质关系在观念上的表现，不过是以思想的形式表现出来的占统治地位的物质关系；因而，这就是那些使某一个阶级成为统治阶级的关系在观念上的表现，因而这也就是这个阶级的统治的思想”①。人类社会是经济、政治和文化的统一体，作为经济和政治反映的文化，就必须为经济和政治服务；文化如果不为经济和政治服务，它也就失去了其应有的功能和存在的价值，同时经济和政治的存在和发展也会因得不到文化的支持而受到严重的影响。因此，任何国家的文化从来都是服务于该国家经济和政治的需要，与该国家经济和政治利益相冲突的文化，从来都是该国家所反对和排斥的文化。

我们强调坚持马克思主义在哲学社会科学中的指导地位、强调用习近平新时代中国特色社会主义思想引领当代中国哲学社会科学发展，决不意味着用马克思主义理论的发展代替哲学社会科学建设和发展的各项具体工作。在我国哲学社会科学建设和发展中，马克思主义的指导，习近平新时代中国特色社会主义思想的引领，主要表现为世界观、人生观、价值观和方法论上的指导，表现为思想路线和政治路线的指导。具体的哲学社会科学问题、文化问题只能由每一门学科的专家和研究者按照科学的世界观和方法论，按照每一学科独特的发展规律予以创造性的探索、研究和解决。

坚持马克思主义在哲学社会科学中的指导地位，旗帜鲜明地用习近平新时代中国特色社会主义思想引领当代中国哲学社会科学发展，同我们党和政府一贯倡导的百花齐放、百家争鸣的学术方针是完全统一的。关于这一问题，邓小平同志做过深刻的阐述，他说：“把开展批评同

---

① 《马克思恩格斯选集》第 1 卷，人民出版社 2012 年版，第 178 页。

‘双百’方针对立起来，却是一种严重的误解或曲解。‘双百’方针的目的是促进社会主义文化的繁荣。毛泽东同志说过：‘真理是在同谬误作斗争中间发展起来的。马克思主义就是这样发展起来的。’有些人把‘双百’方针理解为鸣放绝对自由，甚至只让错误的东西放，不让马克思主义争。这还叫什么百家争鸣？这就把‘双百’方针这个无产阶级的马克思主义的方针，歪曲为资产阶级的自由主义方针了。”①任何一个社会的文化发展要想获得无限的生机和活力，就必须坚持文化形态的多样性和层次性。文化形态的多样性、层次性和指导思想的一元化不是对立和冲突的关系，而是辩证统一的关系。因为我们这里所说的文化的多样性是指有益于广大人民群众健康的多样性，而我们所说的文化的层次性也是指有益于不同文化层次的人民群众的健康的文化层次，而不包括那些危害人民群众身心健康的精神垃圾。我们所讲的百花齐放首先是指“花”，而不是危害人民利益和健康的“毒草”；我们所讲的百家争鸣是维护和实现广大人民利益的百家争鸣，而不是剥削、奴役和压迫广大人民的利益集团的百家争鸣。

历史和实践表明，“当代中国哲学社会科学是以马克思主义进入我国为起点的，是在马克思主义指导下逐步发展起来的”。习近平总书记明确指出，“我国哲学社会科学坚持以马克思主义为指导，是近代以来我国发展历程赋予的规定性和必然性。在我国，不坚持以马克思主义为指导，哲学社会科学就会失去灵魂、迷失方向，最终也不能发挥应

① 《邓小平文选》第三卷，人民出版社 1993 年版，第 46—47 页。

有作用”。因此，当代中国哲学社会科学发展必须坚持以马克思主义为指导，把习近平新时代中国特色社会主义思想贯穿研究和教学全过程，转化为清醒的理论自觉、坚定的政治信念、科学的思维方法，以此推动理论创新和实践创新。

二、坚持以问题为导向，立足时代实践，不断从中国实践中概括出中国理论，推动当代中国哲学社会科学的创新与发展，正确处理好“事”与“理”的关系

时代是思想之母，实践是理论之源。发展当代中国哲学社会科学，推进马克思主义中国化，必须把马克思主义基本原理与中国实际相结合，用马克思主义基本原理思考和解决当代中国的问题，从特殊中概括出普遍，从个别中概括出一般，从中国问题和中国实践中概括出中国理论，再用中国理论指导中国实践。用中国哲学的话说，就是正确处理好“事”与“理”的关系。

“坚持把马克思主义基本原理同中国具体实际相结合、同中华优秀传统文化相结合。”这是习近平总书记在庆祝中国共产党成立 100 周年大会上提出的重要论断。但是，在一些地方和领域，哲学社会科学的研究和建设离开了中国实际，放弃了马克思主义的立场观点和方法，不加分析地把国外学术思想和学术方法奉为圭臬，一切以此为准绳，与马克思主义理论渐行渐远。一些学者的研究缺乏对中国问题的关照，无病呻吟，理论研究的针对性和实效性不强。对党和国家中心工作，对党和政府的重大决策部署，对一些社会热点难点问题，对国

内外重要思想理论动态，对我们正在进行着的中国特色社会主义实践，漠不关心，要搞所谓“纯学术”。一些理论看起来花里胡哨，表面上很热闹，甚至很深奥，但是，中看不中用，根本原因就是对当代中国社会实践中的重大理论和现实问题缺乏足够的阐释力。

有学者认为当代中国哲学社会科学应当是中国传统哲学社会科学的自然延续，因此，中国传统哲学社会科学应该是当代哲学社会科学的母体、来源和动力。这一观点的实质就是观念自己产生自己，而不是从社会的物质生活实践中寻找观念产生和发展的动力。按照马克思主义的基本观点，生活和实践是一切认识的来源。任何观念和思想都不可能成为理论产生和发展的最终原因和源头。我们不能幻想从某一哲学和社会科学的思想观念出发来建构和发展当代中国哲学社会科学体系。相反，应该从社会的物质生活实践出发，从我们正在进行着的中国特色社会主义实践出发，来思考研究时代提出的客观要求，回答和完成时代提出的问题和任务。因此，当代中国哲学社会科学的主要内容，只能来自我们正在进行着的中国特色社会主义实践，而不能从旧的传统观念的母胎中孕育生长出来。中国特色社会主义实践是当代中国哲学社会科学的真正动力和源泉。

理论是对时代的任务和问题的“解”和“答”。一种理论之所以能够被称为真正的创新的理论，就在于它回答了时代的问题，完成了时代的任务。不同时代的理论体系之所以有万千形态，就是因为不同时代面临着不同的问题和任务，因而对这些问题和任务的回答也就不同。在这一意义上，我把哲学界定为对时代问题做形上解答的学问。由此，我们认为哲学和理论创新的关键就在于它是否提供了解决时代问题、完成时代任务的方案，就在于它是否从事中见理，器中见道，从特殊中发现普遍，从个别中提升出一般。用孔子的话说就是是否做到了“下学而上达”。

循此思路，我们就要追问，我们今天时代的实践主题和历史任务是什么？我们今天处在什么样的时代？我们面临着什么样的时代问题？我们肩负着什么样的历史重任？谁回答了上述时代问题、谁完成了上述时代任务，谁就是我们这个时代的思想家和理论家。

所以，今天哲学社会科学的创新和发展，必须在习近平新时代中国特色社会主义思想指导下，立足实践，坚持以问题为导向，聆听时代的声音，回应时代的呼唤，认真研究解决党和国家面临的重大而紧迫的问题，认真研究中国共产党执政的规律，认真研究中国社会主义建设的规律，认真研究人类社会发展的规律，努力揭示我国社会发展、人类社会发展的大逻辑大趋势，为世界提供中国智慧和中国方案。

三、坚守中华文化立场，坚持以中国文化为载体，坚持古为今用，实现中华优秀传统文化的创造性转化和创新性发展，正确处理好“古”与“今”的关系

发展当代中国哲学社会科学，推进马克思主义中国化，既需要我们把马克思主义基本原理与中国实际相结合，还需要我们把马克思主义基本原理与中华优秀传统文化相结合，正确处理好“古”与“今”的关系。

树有根，水有源。“绵延几千年的中华文化，是中国特色哲学社会科学成长发展的深厚基础。”[①]“优秀传统文化是一个国家、一个民族传承和发展的根本，如果丢掉了，就割断了精神命脉。”[②]不忘本来才能开辟未来，善于继承才能更好创新。一个民族如果抛弃传统、丢掉根本，就等于割断了自己的精神命脉。中华优秀传统文化是中华民族的“根”和“魂”，是一个国家和民族传承和发展的根本。从历史上看，它对于形成和维护中国团结统一的政治局面，对于形成和巩固中国多民族和合统一的大家庭，对于形成和丰富中华民族精神，对于推动中国社会发展和进步，发挥了十分重要的作用。从现实上看，中华优秀传统文化对于我们解决当代中国和世界面临的种种难题，对于中国共产党治国理政，对于社会主义道德建设和思想文化建设，都可以提供重要资源和积极有益的启示与借鉴。在这一意义上，习近平总书记说，中华优秀传统文化是中华民族的突出优势，是中华民族自强不息、团结奋进的重要精神支柱，是我们最深厚的文化软实力。实现中华民族的伟大复兴需要我们传承和弘扬好中华优秀传统文化。

发展当代中国哲学社会科学，必须坚守中华文化立场，把当代中国哲学社会科学放到整个中华文化和文明发展的长河中去考量，让当代中国哲学社会科学融入整个中华文化和文明发展的大系中。这也是习近平总书记在庆祝中国共产党成立 100 周年大会上提出“把马克思主义基本原理与中华优秀传统文化相结合”的重要意义所在。简单地

---

① 《习近平谈治国理政》第二卷，外文出版社 2017 年版，第 339 页。
② 《习近平谈治国理政》第二卷，外文出版社 2017 年版，第 313 页。

说，马克思主义如果不与中华优秀传统文化相结合，它就只是一种外在于我们的文化，外在于我们的文化就是无根的文化，就不可能在中华大地生根、开花和结果；中华优秀传统文化如果不与马克思主义相结合，不与新时代的中国特色社会主义实践相结合，它依然还是古代的文化，就是服务于传统社会和传统经济基础的旧文化，就不可能反映、维护和代表广大人民群众的利益，因而也就无法被广大人民所认同，无法成为反映和维护今天的经济基础的社会主义新文化，其作用也就无法发挥。

但是，我们也必须看到：传统文化是产生于中国传统社会的文化，它不是现代文化，不是我们今天直接拿过来就能够运用的文化。把传统文化直接搬到今天来无法解决我们今天遇到的问题，也无法完成我们这个时代的任务和使命。因此，我们在坚守中华文化立场、利用中华文化载体的时候，必须实现中华优秀传统文化的创造性转化和创新性发展。

文化是一个时代经济、政治的反映。不同的时代有不同的经济和政治，因而就会有不同的文化。传统文化、革命文化、先进文化是中国人民在不同历史时期创造的文化。发展中国的哲学社会科学不能忘记本来，不能忘记传统文化。传统文化是中国人民在五千多年文明发展中孕育生成的，革命文化和社会主义先进文化是在党和人民伟大斗争中孕育生成的，这三种文化都积淀着中华民族最深层的精神追求，代表着中华民族独特的精神标识。但是，传统文化是一个源头，革命文化、社会主义先进文化是在源头的基础上形成的。

今天，我们继承发扬革命文化，建设社会主义先进文化，离不开传统文化的资源。但是，当代中国文化是当代中国经济、政治的反映。因此，当代中国文化的主体是中国革命文化和社会主义先进文化。今天我们讲文化自信，当然也包括传统文化的自信，但是，更重要的自信是当代中国人民和中国共产党人创造的革命文化和社会主义先进文化。

四、坚持以外来文化为工具，坚持洋为中用，积极吸收外来文化的有益成果，实现外来文化的中国化，正确处理好“中”与“西”的关系

发展当代中国哲学社会科学，推进马克思主义中国化，必须在习近平新时代中国特色社会主义思想指导下，利用好国外哲学社会科学资源，正确处理好“中”与“西”的关系。

对于外来文化，我们既要反对盲目排外，也要反对不加分析地盲目崇拜和全盘吸收。列宁说：“无产阶级文化应当是人类在资本主义社会、地主社会和官僚社会压迫下创造出来的全部知识合乎规律的发展。条条大道小路一向通往，而且还会通往无产阶级文化，正如马克思改造过的政治经济学向我们指明人类社会必然走到哪一步，指明必然过渡到阶级斗争，过渡到开始无产阶级革命。”[①] 对此，毛泽东同志也有过明确的论述，他说：“对于外国文化，排外主义的方针是错误的，应当尽量吸收进步的外国文化，以为发展中国新文化的借镜；盲目搬用

① 《列宁选集》第 4 卷，人民出版社 2012 年版，第 285 页。

的方针也是错误的，应当以中国人民的实际需要为基础，批判地吸收外国文化。苏联所创造的新文化，应当成为我们建设人民文化的范例。对于中国古代文化，同样，既不是一概排斥，也不是盲目搬用，而是批判地接收它，以利于推进中国的新文化。”[①] 又说：“中国应该大量吸收外国的进步文化，作为自己文化食粮的原料，这种工作过去还做得很不够。这不但是当前的社会主义文化和新民主主义文化，还有外国的古代文化，例如各资本主义国家启蒙时代的文化，凡属我们今天用得着的东西，都应该吸收。但是一切外国的东西，如同我们对于食物一样，必须经过自己的口腔咀嚼和胃肠运动，送进唾液胃液肠液，把它分解为精华和糟粕两部分，然后排泄其糟粕，吸收其精华，才能对我们的身体有益，决不能生吞活剥地毫无批判地吸收。”[②] 在对待外来文化问题上，邓小平同志坚持既反对盲目排外，又反对“不分析、不鉴别、不批判”的盲目崇拜和全盘吸收。他说：“对于现代西方资产阶级文化，我们究竟应当采取什么态度呢？……我们要向资本主义发达国家学习先进的科学、技术、经营管理方法以及其他一切对我们有益的知识和文化，闭关自守、故步自封是愚蠢的。但是，属于文化领域的东西，一定要用马克思主义对它们的思想内容和表现方法进行分析、鉴别和批判。”[③] 吸收、分析和借鉴外国文化的有益成果应当有一个标准，这个标准就是“是否有利于发展社会主义社会的生产力，是

① 《毛泽东选集》第三卷，人民出版社 1991 年版，第 1083 页。
② 《毛泽东选集》第二卷，人民出版社 1991 年版，第 706—707 页。
③ 《邓小平文选》第三卷，人民出版社 1993 年版，第 43—44 页。

否有利于增强社会主义国家的综合国力，是否有利于提高人民的生活水平”。[①]

因此，对于国外哲学社会科学资源，我们一方面要看到“他山之石可以攻玉”，另一方面还要看到“橘在淮南则为橘”，到了淮北“橘”就变成“枳”了。同理，洋人的办法在洋人那里行，到了中国可能就不灵了。唐僧到西天取经，取回来了“唯识宗”，但是，因为他不致力于佛学的本土化，因此，他所取来的“唯识宗”很快就失去了影响力。从某种意义上说，王明就是中国共产党的唐僧，他去西天取来了真经，但结果没有成功，原因就是他没有把真经和中国的实际相结合，与中华优秀传统文化相结合。正如习近平总书记所说，马克思主义是共产党人的真经，真经没念好，总想着去西天取经，就要贻误大事。

总之，“古之道”不能驾驭“今之有”，“洋之道”也不能解决“中之有”的问题。我国哲学社会科学的发展，不能离开人类文明的共同成果。要坚持以我为主、为我所用，汲取外国哲学社会科学的有益成果，建设发展面向和解决中国实践和中国问题的当代中国人的哲学社会科学。

五、坚持以综合创新为方法，利用马中西不同思想资源，不断推动当代中国哲学社会科学发展，正确处理好“常”与“变”的关系

发展当代中国哲学社会科学，推进马克思主义中国化，必须在习近平

① 《邓小平文选》第三卷，人民出版社 1993 年版，第 372 页。

新时代中国特色社会主义思想指导下，面向未来，坚持以综合创新为方法，运用好马中西不同学科的方法和资源，正确处理好“常”与“变”的关系。

综合创新是当代中国哲学社会科学建设和发展的一个重要方法。最早提出这一思想方法的是张岱年先生。张先生在 20 世纪 30 年代就提出了“创造的综合”论（《关于中国本位的文化建设》,《国闻周报》1935 年 3 月 18 日），到 20 世纪 80 年代发展为“综合创新”论（《综合，创新，建立社会主义新文化》,《清华大学学报》1987 年第 2 期）。张先生的观点得到了学界大多数学者的响应和赞同，但问题在于如何实现综合创新，于是，方克立先生提出了“马魂、中体、西用”论（《关于文化体用问题》,《社会科学战线》2006 年第 4 期），将张先生的综合创新论推进到了一个新的阶段。这是方先生的一个重大贡献。但是，张先生和方先生对综合创新的论述和阐释还都停留在理论的层面，没有进到社会生活和实践的层面，没有进到回答时代问题、完成时代任务的层面。一个时代的任何理论创新如果离开了对这个时代的生活实践的追问，离开了对这个时代的任务和问题的回答，实际上是无法进行的。因此，如何进行综合创新这一世纪之问，在学界实际上一直没有得到很好的解决。直到 2016 年 5 月 17 日，习近平总书记在哲学社会科学工作座谈会上的讲话才真正解决了这一问题。

习近平总书记指出：“我国哲学社会科学应该以我们正在做的事情为中心，从我国改革发展的实践中挖掘新材料、发现新问题、提出新观点、构建新理论，加强对改革开放和社会主义现代化建设实践经验的系统总结，加强对发展社会主义市场经济、民主政治、先进文化、和谐社会、生态文明以及党的执政能力建设等领域的分析研究，加强对党中央治国理政新理念新思想新战略的研究阐释，提炼出有学理性的新理论，概括出有规律性的新实践。这是构建中国特色哲学社会科学的着力点、着重点。”[①] 怎样才能实现哲学社会科学的综合创新呢？简单地说，就是以我们正在做的事情为中心，运用马中西三种资源所提供的原理和方法，挖掘新材料、发现新问题、提出新观点、构建新理论，提炼出有学理性的新理论，概括出有规律性的新实践。在这一过程中，既要体现继承性、民族性，又要体现原创性、时代性，还要体现系统性、专业性；“既向内看、深入研究关系国计民生的重大课题，又向外看、积极探索关系人类前途命运的重大问题；既向前看、准确判断中国特色社会主义发展趋势，又向后看、善于继承和弘扬中华优秀传统文化精华”。[②] 习近平总书记的这一重要论述既为当代中国哲学社会科学的创新发展指明了方向和道路，又为当代中国哲学社会科学的创新发展提供了具备可操作性的路径和方法，切实解决了如何进行综合创新的世纪难题。

概括地说，当代中国哲学社会科学的创新和发展，必须在习近平新时代中国特色社会主义思想引领和指导下，牢记初心使命，坚持以人民为中心，正确处理好一元指导与繁荣发展的关系，即“一”与“多”

① 习近平:《在哲学社会科学工作座谈会上的讲话》，人民出版社 2016 年版，第 21—22 页。

② 习近平:《在哲学社会科学工作座谈会上的讲话》，人民出版社 2016 年版，第 16 页。

的关系；立足实践，坚持以问题为导向，以我们正在做的事情为中心，正确处理好“理”与“事”的关系，不断提出解决问题的新理论新方法；不忘本来，坚持以中国文化为载体，坚守中华文化立场，以中国文化为载体，正确处理好“古”与“今”的关系，实现中华优秀传统文化的创造性转化和创新性发展；吸收外来，坚持洋为中用，积极借鉴和吸收外来文化的有益成果，正确处理好“中”与“西”的关系；面向未来，坚持以综合创新为方法，正确处理好“常”与“变”的关系，不断从中国实践中概括出中国理论，为发展当代中国马克思主义、二十一世纪马克思主义作出贡献，为人类对更好社会制度的探索提供中国方案。

第六讲

创造性转化与创新性发展是“两个结合”的实现途径

程京武

泱泱中华，历史悠久，文化辉煌；百年征程，历久弥新，自信自强。中华优秀传统文化积淀中华民族五千多年思想精华和智慧结晶，其中蕴含着中国人的独特思维方式和为人处世哲理。中国共产党百年奋斗的成功经验“归根到底是马克思主义行，是中国化时代化的马克思主义行”[①]揭示出不仅仅要把握好马克思主义基本原理的真理性依据，更要推动马克思主义中国化时代化，把马克思主义基本原理同中国具体实际相结合、同中华优秀传统文化相结合。“两个结合”就是要立足于当代中国发展实际，立足于中国五千年历史文化，在守正创新中继往开来。习近平新时代中国特色社会主义思想是马克思主义基本原理与新时代中国国情、中华优秀传统文化以及时代特征相结合的产物，是实现“两个结合”的典范和最新成果，实现了马克思主义新飞跃。

---

① 习近平：《高举中国特色社会主义伟大旗帜 为全面建设社会主义现代化国家而团结奋斗——在中国共产党第二十次全国代表大会上的报告》，人民出版社 2022 年版，第 16 页。

在推进马克思主义与中华优秀传统文化相结合中不是把二者简单地相加和拼凑，而是把中华优秀传统文化创造性转化、创新性发展，“以古人之规矩，开自己之生面”① 的形式把中华优秀传统文化精华提炼出来。在实践中验证、在理论上创新，实现马克思主义基本原理与中华优秀传统文化的强强联合。以中华优秀传统文化的创造性转化与创新性发展为前提，才能更好地推动“两个结合”落地生根。创造性转化与创新性发展是“两个结合”的实现途径。中国共产党百年理论创新的经验总结，也是新时代铸就社会主义文化新辉煌，开辟马克思主义中国化时代化新境界的必然要求，更是坚定“四个自信”，建设社会主义现代化强国的重要方法论认识论。

一、百年历程辟新路

百年恰是风华正茂，中国共产党的一百年波澜壮阔，领导中国人民实现了从站起来到富起来再到强起来的伟大飞跃。一百年来中国共产党不断总结经验，开辟新路；不断把马克思主义基本原理同中国具体实际相结合、同中华优秀传统文化相结合。把中华优秀传统文化提升到前所未有的高度，开辟了马克思主义中国化时代化新境界。

中华民族拥有五千多年的历史，形成了中华民族独特的文化体系，涵养了中华民族的思想理念、价值体系、人文精神，是人类文明中熠熠生辉的明珠。1840 年鸦片战争后，中华民族进入近代以来的至暗时

① 《十八大以来重要文献选编（中）》，中央文献出版社 2016 年版，第 136 页。

刻，国家蒙辱、人民蒙难、文明蒙尘，中华民族的传统文化被一次次践踏，被印上落后的标签，中国人民在黑暗中开始探索民族复兴的道路。各种思想理论轮番登场，有器物层面的模仿和学习，有政治层面的维新和改革，但都无疾而终。

直到十月革命一声炮响，马克思列宁主义传入中国，一种全新的思想开始与中国五千多年的历史文化发生神奇的反应。它来自西方，但其中蕴含着中国传统哲学的影子，与中华优秀传统文化存在契合性。马克思主义的直接理论来源是德国古典哲学、法国空想社会主义、英国政治经济学，这些思想的诞生也受到来自东方哲学的影响。17 世纪的西方文艺复兴中，不仅仅是古希腊的哲学被复苏，来自东方的儒家哲学也在西方备受关注，《中国新图志》《中国上古史》《中国文史评论》《中国哲学家孔子》等著作的出现为东方和西方哲学的交流留下印记。黑格尔的“《精神现象学》和《大学》之道完全吻合”[①]，“完善的中国人（孔子）才是共产主义者”[②]，这些学者或者经典的评述不是凭空捏造，反映的是中国古代思想是西方思想形成过程中的重要参考和借鉴来源，进一步证明了中国哲学与西方哲学千丝万缕的联系，可看出其与马克思主义思想的形成都在一定程度上参考或借鉴了中国古代哲学的思想。不仅如此，中华优秀传统文化与科学社会主义价值观具有高度契合性。在宇宙观上，两者都强调人与自然的和谐，中国古代“天人合一”思

---

① 朱谦之：《孔子与黑格尔哲学》，《朱谦之文集》第二卷，福建教育出版社 2002 年版，第 227 页。

② 《马克思恩格斯全集》第三卷，人民出版社 1960 年版，第 312 页。

想绵延千年，恩格斯的“自然报复”萦绕在耳边。在天下观上，都强调以辩证、发展、联系的观点看待天下事物发展，马克思主义强调运动、发展、辩证地看问题；中华优秀传统文化的太极生两仪，两仪生四象，四象生八卦的占卜和推测也充分展现出中国传统的辩证法的方法论思维方式。在社会观上，二者都强调人民的重要性，马克思主义提出人民群众是历史的创造者的唯物史观立场，中华优秀传统文化也有“水可载舟，亦可覆舟”的政治立场。在道德观上，都展现出对道德的无限追求，从《1844年经济学哲学手稿》中对道德异化的批判，到《共产党宣言》中对共产主义的憧憬，再到《资本论》中对资本主义生产过程中工人阶级非人处境的描绘，都在一定程度上体现了马克思的道德关怀。中华优秀传统文化强调对个体道德的修身养性，从而实现对社会修身、齐家、治国、平天下的层层递进。马克思主义展现出的科学社会主义价值观主张同中华优秀传统文化价值体系具有高度契合性，为马克思主义在中国大地上落地生根提供了可行性。

北大红楼里一部部经典著作被翻译成中文，李大钊作为传播马克思主义的先驱，用一篇篇文章吸引无数有识之士关注马克思主义，李大钊没有全盘接受西方文化，也没有固守传统文化，李大钊提出“平情论之，东西文明，互为短长，不宜妄为轩轾其间”[①]。在五四新文化运动以后，马克思主义与中华优秀传统文化开始在求同存异中寻求共识，“每个民族文化，都有一些民主主义的和社会主义的即使是不发

① 《李大钊全集》第2卷，河北教育出版社1999年版，第371页。

达的文化成分”[1]，中华优秀传统文化开始文化自觉进程，以传统文化为根本去适应时代发展，并去除传统文化中的封建糟粕。这一时期马克思主义进行了“本土化”，把国外的思想著作翻译成中文，为中国人民理解、传播马克思主义打下了坚实基础。但由于此时对马克思主义的理解还比较片面，且停留在理论理解而缺乏实践性，同时传统文化中大量落后的封建思想的存在，使马克思主义与中华优秀传统文化还在磨合中艰难调和矛盾，寻找契合。

中国革命并不是一帆风顺，而是在一次次实践与艰难探索中找寻中国的革命道路。面对大革命的失败，中国革命要何去何从成为萦绕在中国共产党人心中的谜题。毛泽东同志在深入农村进行调查研究后，经冷静分析，得到“反对本本主义”的思想感悟，即不能教条地理解马克思主义，提出“使马克思主义在中国具体化，使之在每一表现中带着必须有的中国的特性，即是说，按照中国的特点去应用它”[2]。以毛泽东同志为核心的党的第一代中央领导集体，开始独立自主地思考中国革命的实际问题，创造性地提出了马克思主义中国化的重大命题。经过 20 年的探索实践，毛泽东同志在 1941 年写道：“马克思列宁主义的普遍真理一经和中国革命的具体实践相结合，就使中国革命的面目为之一新。”[3] 提出了“两个结合”的第一个结合，马克思主义与中国具体实际结合的命题成为中国革命探索的重要方向。党的七大正式把

① 《列宁选集》第 2 卷，人民出版社 1995 年版，第 336 页。
② 《毛泽东选集》第二卷，人民出版社 1991 年版，第 534 页。
③ 《毛泽东选集》第三卷，人民出版社 1991 年版，第 796 页。

毛泽东思想确立为党的指导思想，成为马克思主义中国化的第一个重大理论成果，实现了马克思主义中国化的第一次历史性飞跃。这一时期，中国共产党在马克思主义传播过程中创造性运用传统文化精华阐释马克思主义基本原理，把马克思主义深邃的原理转化为广大人民大众容易接受的语言。同时创造性地以群众喜闻乐见的民族民间文化载体和艺术样式传播马克思主义的科学真理，提出来建设民族的、科学的、大众的新民主主义文化，为民族独立、人民解放贡献出中华优秀传统文化强大的影响力、凝聚力、感召力，让中华优秀传统文化在新民主主义革命中焕发生机和活力。

新中国成立以后，毛泽东同志提出把马克思列宁主义基本原理同中国实际进行“第二次结合”的命题，在实践中丰富和发展了毛泽东思想。毛泽东思想是马克思主义中国化的第一次历史性飞跃，其中大量论述来自中华优秀传统文化，“约占引文总量的 13.7%……明显看出毛泽东思想充分吸收了中华民族优秀文化”。[①] 毛泽东思想活的灵魂中实事求是就是最好的例子，用中华优秀传统文化语言与思维诠释出马克思主义理论原理，构建马克思主义中国化时代化的理论体系。它标志着马克思主义与中华优秀传统文化成功对接，在创造性转化、创新性发展中不断推进理论创新和文化建设，不断为马克思主义中国化注入活力。

在改革开放和社会主义现代化建设新时期，我党重新确立了马克思

① 郑德荣、王占仁：《马克思主义中国化纵横》，人民出版社 2015 年版，第 45 页。

主义基本原理和中国具体实际结合的观点，邓小平同志在会见外国客人时强调：“只有结合中国实际的马克思主义，才是我们所需要的真正的马克思主义。”[①] 中国共产党人把握中国改革开放伟大实践，形成了邓小平理论、“三个代表”重要思想、科学发展观的中国特色社会主义理论体系，是党从新的实践和时代特征出发对马克思主义的坚持、发展和创新，实现了马克思主义中国化新的飞跃。

党的十八大以来，中国特色社会主义进入新时代，以习近平同志为核心的党中央面对中华民族伟大复兴战略全局和世界百年未有之大变局，以中华优秀传统文化智慧结晶推动中华民族伟大复兴进程，以中华优秀传统文化思想理念破解世界发展困境，提出构建人类命运共同体的中国方案，开辟出一条马克思主义基本原理与中华优秀传统文化结合的新路径。在新时代的实践中深化对马克思主义中国化时代化认识，提出坚持把马克思主义基本原理同中国具体实际相结合、同中华优秀传统文化相结合的重要理论论断。在坚持毛泽东思想、邓小平理论、“三个代表”重要思想、科学发展观中，深刻总结并充分运用党成立以来的历史经验，从新的实际出发，创立了习近平新时代中国特色社会主义思想，实现了马克思主义中国化时代化的新飞跃，让马克思主义在 21 世纪的中国焕发生机活力。习近平新时代中国特色社会主义思想首创“两个结合”，既是基于新时代历史性成就和伟大变革成功实践，又是扎根于中华优秀传统文化的创造性转化和创新性发展，从而

① 《邓小平文选》第三卷，人民出版社 1993 年版，第 213 页。

推动中国化时代化的马克思主义理论，以中华优秀传统文化的创造性转化与创新性发展为新时代治国理政注入新动力，发挥好中华优秀传统文化强根铸魂的砥砺作用，支撑起中华文化新辉煌的文化底气，描绘好中国特色社会主义道路、理论、制度的中国底版，解释好中国共产党治国理政的传统文化丰厚底色，涵养好社会主义核心价值观的中国底蕴，讲述好中国式现代化的内在逻辑，充分展现出中华文化和中国精神的时代精华，实现了马克思主义中国化时代化新的飞跃。

创造性转化与创新性发展与“两个结合”互为逻辑前提，共同深入推进马克思主义中国化时代化的新境界。中华文明源远流长，孕育了博大精深、内涵丰富的中华传统文化，既存在具有时代价值的智慧精华，也存在带有封建性的落后文化。面对中华传统文化，党在理论创新中不能全盘继承，也不能全盘否定，要选择具有时代意义和运用价值的中华优秀传统文化去继承、弘扬、发展、创新。毛泽东同志精辟地概括为四个字：“推陈出新”。“推陈”，就是要去除传统文化中的糟粕；“出新”，就是创造新的内容和形式，在继承的基础上赋予其新的生命力。在新时代习近平总书记进一步发展了推陈出新的思想，提出了创造性转化与创新性发展，就是把中华优秀传统文化以新时代的发展为基础，把对今日有重新利用价值的内容和传统表现方式，进行时代化的改造，赋予中华优秀传统文化新的生命力，形成完整的中华优秀传统文化体系，成为讲好中国故事的重要内容。把中华优秀传统文化中的智慧结晶创新性发展为理论创新中的治国理政智慧。把马克思主义基本原理的真理性价值与中华优秀传统文化的中国化特色结合起来，形成新时代理论创新的文化底色、文化底蕴，在创造性转化、创新性发展中不断深化马克思主义基本原理和中华优秀传统文化的契合性对接与特色化融合，以创造性转化与创新性发展实现好、发展好“两个结合”，不断推进马克思主义中国化时代化新境界，让马克思主义牢牢扎根中国大地，让中国化马克思主义具有鲜明的中国特色、中国风格、中国气派。

二、激活文化建强国

“长江后浪推前浪，世上新人赶旧人。”马克思主义基本原理与中华优秀传统文化相结合是双向互动的过程，马克思主义激活了中华优秀传统文化的生命力，实现了传统文化在中国的自觉过程的推进，定义了中华优秀传统文化，为中国革命、建设和改革提供了文化基础性支持。新时代中华优秀传统文化发展进入前所未有的快车道，新时代中国共产党人充分认识到中华优秀传统文化的实践路径，以文化传承创新实践推动马克思主义中国化时代化的新发展本质。

在马克思主义指导下，中国共产党人在实践探索中以马克思主义触发文化自觉，提出以“取其精华，去其糟粕”[①]的态度，剔除了传统文化中的封建性，把传统文化中以唯心主义为基础的迷信、巫术清除扔进历史的垃圾堆。把古代男尊女卑，特别是对女性的封建教化思想剔除，建立了男女平等的新性别观念。保留了讲仁爱、重民本、守诚信、

① 《中共中央文件选集（1949年10月——1966年5月）》第48册，人民出版社2013年版，第284页。

崇正义、尚和合、求大同的时代价值和天下为公、民为邦本、为政以德、革故鼎新、任人唯贤、天人合一、自强不息、厚德载物、讲信修睦、亲仁善邻的智慧精华。以马克思主义为指导，立足中国革命实际，清除传统文化糟粕，成为中华民族的文化自觉。马克思主义激活了传统文化精华，孕育出包含传统文化思想精华和智慧经验的具有时代价值的文化形式。中华优秀传统文化在革命、改革、发展各个时期都展现出其不可替代的作用，铸就了中国共产党带领中国人民取得百年伟大成就的文化基石。同时中国共产党把中华优秀传统文化运用到理论构建中，提出了一系列具有中国传统文化特征的马克思主义中国化理论，并不断把马克思主义同中国具体实际相结合，让中华优秀传统文化根据时代发展的需要不断演化，不断实现时代化的价值拓展，为中国革命和社会主义改造、建设提供了文化层面的支持。

新时代以来，习近平总书记提出，创造性转化与创新性发展的新要求，指明了新时代中国共产党面对传统文化的态度和途径，实现了中华优秀传统文化在新时代中与时代同频、与发展同步、与世界同向的变革性新发展，是新时代的文化自觉。不仅吸取了“取其精华，去其糟粕”的思想，更以时代新要求和新发展提出切实可行的实践路径，提升传统文化的当代价值和魅力，以提升文化认同和文化影响力。

中华优秀传统文化不可避免地存在滞后性，与当代中国发展不能主动匹配，而是要历经挑选、发展、匹配的过程。在新时代背景下，就是要经过创造性转化与创新性发展来推动中华优秀传统文化紧跟时代发展、技术发展、世界发展，保持中华优秀传统文化的生命力、影响力、号召力，用好、用活中华优秀传统文化资源。其中蕴含了马克思主义“扬弃”的方法论，“扬”的是具有时代价值的新内容、新发展，“弃”掉其中落后时代的成分。创造性发展的目的是激活中华优秀传统文化的生命力，对中华优秀传统文化中有借鉴价值、启发意义的内容和陈旧的表现形式进行改造，对内容和形式赋予时代性价值。具体而言，首先是要把握对内容的选择，具有借鉴意义在新时代中就是能推动民族复兴的内容，以人民群众普遍接受的耳熟能详的形式表现出新意。其次是改造，要在马克思主义的指导下，立足当代中国发展实际，去重新展示符合中国经济发展、政治制度、文化氛围的现代化内容。立足互联网时代自媒体传播方式的改造，是对内容发掘基础上的弘扬手段的革新。最后是生命力，立足于新时代但又超越当下中国发展，而着眼于实现中华民族伟大复兴的长期奋斗征程，既立足时代又超越时代。创新性发展的目标是提升中华文化的影响力，凝聚中华儿女的文化认同，发挥好感召力。在把握时代发展的前提下对中华优秀传统文化内涵进一步补充、拓展、完善。

创新性发展是一个运动的过程，当前就是在新时代的背景下，把握伟大复兴战略全局和百年未有之大变局对中华优秀传统文化内涵进行发展。广义的发展包含了对本体的补充和丰富，对适用范围的不断扩展，对逻辑体系、宣传体系、理论体系的完善构建。实现中华优秀传统文化在全世界范围内影响力的提升，以中华优秀传统文化为重要内容和载体讲好中国故事，展现中国智慧，提出中国方案。对港澳同胞讲好并阐发中华优秀传统文化内涵，提升国家认同，增强作为中国人的自豪感。对台湾同胞以中华优秀传统文化为民族认同的连接点，强调两岸同属一家同根同源，对传统文化都有深厚情感。对海外侨胞以中华优秀传统文化为切入口，在求同存异中提升对中华民族伟大复兴的认同，展现中华优秀传统文化的强大感召力。创造性转化与创新性发展让中华优秀传统文化在新时代背景下成为推动中华文化繁荣兴盛、实现伟大复兴的文化动力。中国共产党在建设中国特色社会主义的实践过程中，坚持以马克思主义为指导，把握改革开放的时代特点，以文化的能动性，助力经济发展、政治稳定。创造性运用将传统文化思想理念、人文精神融入到社会主义建设中，推动了中国特色社会主义文化的快速发展。同时创新文化表现形式，以群众喜闻乐见的方式发展文化产业与文化事业，为改革开放和社会主义现代化贡献中华优秀传统文化在精神文明建设中的独特价值，让中华优秀传统文化在改革开放和社会主义现代化进程中再一次焕发生机和活力。同时，提出一系列同中华优秀传统文化深入发展的方针，走出一条以马克思主义为指导的繁荣科学文化的社会主义文化建设道路，为社会主义建设贡献中华优秀传统文化强大的驱动力，让中华优秀传统文化在社会主义革命建设中不断发展。

近代以来，马克思主义基本观点激发了中华优秀传统文化的生机活力，推动了马克思主义语境下的文化自觉，赋予理论创新以中国化时代化特征。马克思主义作为客观真理也具有适用范围，实现马克思主义不是话语的一一对应而是其中立场、观点、方法的运用，是要与具体情况对应的。创造性转化、创新性发展是新时代推进理论创新的重要途径。新时代中国共产党的理论创新不是无源之水，是基于新时代党的伟大实践的理论总结，基于过往的马克思主义中国化理论，基于党的一百年奋斗经验，基于社会主义五百年探索，基于五千多年中华民族历史文化认知。习近平总书记强调：“我们坚持把马克思主义基本原理同中国具体实际相结合、同中华优秀传统文化相结合，不断推动马克思主义中国化时代化，推进了中华优秀传统文化创造性转化、创新性发展。”[①] 进一步厘清了新时代党在理论创新中的中华优秀传统文化的重要作用。习近平新时代中国特色社会主义思想既是对中华民族五千多年发展历史的继承，是对中华民族历史文化、思想观念、人文精神的继承和创新，而这样的总结在理论上实现了马克思主义中国化时代化的新飞跃，突出了“中国化”的时间维度、理论深度的通盘继承和发展，也展现了“时代化”不是对中国历史文化的母版的简单延续，不是对马克思主义经典作家设想的模板的完全套用，不是其他国家社会主义实践的再版的刻板延续，不是国外现代化发展的翻版的直接嵌套，是新时代的背景下把握中国国情、中国文化历史传统中的理论延续与创新。把握好创造性转化与创新性发展理解“两个结合”的理论总结，不是直接拿中华优秀传统文化生拉硬套，不是把中华优秀传统文化简单拼接到现代化进程中，而是把中华优秀传统文化中适应时代发展需要的内涵，以新时代的呈现形式，融入社会主义核心价值观建设之中，形成中华民族风雨与共的凝聚力与在伟大复兴的新征程

① 习近平：《把中国文明历史研究引向深入 推动增强历史自觉坚定文化自信》，《人民日报》2022 年 5 月 29 日。

中团结奋斗的精神力量。创造性转化、创新性发展成为新时代推进“两个结合”行稳致远的源泉和中国共产党不断理论创新的不竭动力，以及马克思主义蓬勃生机和旺盛活力的实现途径。

习近平总书记提出：“推动中华优秀传统文化创造性转化、创新性发展，继承革命文化，发展社会主义先进文化，不断铸就中华文化新辉煌，建设社会主义文化强国。”[①] 战略目标指明新时代发展社会主义先进文化的发展方向和文化强国的宏伟目标，其中最重要的是坚持马克思主义的根本指导。马克思主义是集合人类文明的一切优秀学说的科学成分，科学地揭示了历史发展客观规律的总趋势，同时也是开放、广泛包容、善于吸纳进步文明成果而不断创新的伟大理论。在此基础上要把握好中华优秀传统文化、革命文化和社会主义先进文化的关系。中华优秀传统文化是源头活水，是中华民族伟大复兴的起点，展现出中华优秀传统文化对于新时代中国特色社会主义文化建设的根本作用。革命文化，是中国共产党领导中国人民在伟大斗争中构建的文化，中华民族伟大复兴强大的精神动力，展现在中国共产党的领导下中国人民实现从站起来、富起来到强起来的伟大飞跃。革命文化继承了中华优秀传统文化，是中国特色社会主义文化中必不可少的内容。社会主义先进文化是中国特色社会主义道路下反映中国特色社会主义制度和中国特色社会主义理论特点的中国特色文化。中华优秀传统文化、革命文化和社会主义先进文化共同构成新时代文化自信的三大源泉。构

① 习近平：《在教育文化卫生体育领域专家代表座谈会上的讲话》，《人民日报》2020 年 9 月 23 日。

建社会主义先进文化发展就是要在坚持马克思主义基础上，创造性转化、创新性发展中华优秀传统文化，传承好革命文化，打造民族性、科学性、大众性和开放性、包容性的有机统一的社会主义先进文化，为中华民族伟大复兴提供文化繁荣的积淀和文化自信的底气。

创造性转化与创新性发展激发中华优秀传统文化新活力，推进新时代文化自觉进程，助力社会主义文化强国建设、夯实伟大复兴文化自信。新时代以来，以习近平同志为核心的党中央审时度势，在对待传统文化上，坚持在马克思主义指引下对传统文化创造性转化以创新性发展的新号召，实现了中华优秀传统文化的时代化活力与创造性的延续，展现出在新时代中华优秀传统文化新的历史定位中推进了文化自觉进程。新征程上，要坚持创造性转化与创新性发展在与时代同步中守正创新，挖掘好中华优秀传统文化宝库，维系好中华民族纽带，夯实社会主义先进文化根基。以社会主义文化强国建设为目标，建设满足人民文化需求、展现中华文化全球性价值的文化强国，为进一步实现中华民族伟大复兴提供强大的价值引领、精神支撑与推动力量，以昂扬的自信团结全体中华儿女共圆伟大复兴中国梦。

三、坚定信心创伟业

“雄关漫道真如铁，而今迈步从头越。”新时代以来，中国共产党带领全体人民接续奋斗，经受一系列风险考验，推动党和国家事业取得历史性成就、发生历史性变革，推动我国迈上全面建设社会主义现代化国家新征程。新征程上要坚持创造性转化与创新性发展实现“两个结合”，夯实“四个自信”，全面推进中华民族伟大复兴。

习近平新时代中国特色社会主义思想是基于中华优秀传统文化创造性转化与创新性发展的新时代重大理论创新。中华文明是世界上独一无二延绵五千多年而从未中断的文明，中华文化是中国和中华民族自立的精神支撑和血脉灵魂。新时代以来，以习近平同志为核心的党中央，科学把握中华优秀传统文化的宇宙观、天下观、社会观、道德观和崇仁爱、重民本、守诚信、尚和合、求大同的时代价值以及天下为公、民为邦本、为政以德、革故鼎新、任人唯贤、天人合一、自强不息、厚德载物、讲信修睦、亲仁善邻的智慧精华，推动中华优秀传统文化的创造性转化与创新性发展。在从严治党中创造性运用廉洁和自省的中华优秀传统文化，培养堪当民族复兴重任的高素质干部队伍。在经济发展中以“穷则思变”“不患寡而患不均”的思想作为文化历史基点提出新时代新发展理念，对中国发展的实际问题对症下药，构建起新时代高质量发展新蓝图。把握“政之所兴在顺民心”“法者，治之端也”等民本思想和法治观点，作为中国政治建设的出发点和落脚点，提出建设新时代全过程人民民主，全面推进依法治国，实现好人民权利，保障好人民当家作主的主体地位。在文化建设中把握好中华优秀传统文化的资源优势，树立起高度的文化自信和历史自信，诞生一大批以中华优秀传统文化为蓝本回应时代的艺术作品，不断铸就社会主义文化的新辉煌。把中华优秀传统文化“天人合一”思想延续到生态文明建设中，将人与自然和谐共生的思维贯彻到新时代治国理政中，推动美丽中国建设。同时让“先天下之忧而忧”的忧患意识成为国家安全观的起点和强军建设的依据，凸显新时代国家安全和军队建设的重要性。用好中华优秀传统文化的丰富资源，强化港澳同胞国家认同，台湾同胞民族认同。在外交中以中华优秀传统文化智慧为基础，创新性提出具有中国智慧的中国方案，突破西方零和博弈的思维困局、世界经济发展迷局，构建人类命运共同体。习近平新时代中国特色社会主义思想充分体现了中华优秀传统文化的创造性转化与创新性发展，把中华优秀传统文化运用到新时代治国理政中，展现出中国风格、中国特色、中国气派。

习近平新时代中国特色社会主义思想是“两个结合”的典范。习近平新时代中国特色社会主义思想，坚持了马克思主义基本原理，始终贯穿着马克思主义世界观、方法论。既着眼当今中国社会的发展实际和世界时局的变化情况，又广泛吸纳人类优秀文明成果，承载了中华文明独特的民族特色，是马克思主义中国化时代化的深入融合、有机统一的最新成果。在理论创新中提出不仅要把马克思主义基本原理同中国具体实际相结合，还要同中华优秀传统文化相结合。新时代，以习近平同志为核心的党中央，把握伟大复兴战略全局和百年未有之大变局，明确社会主要矛盾已经是人民日益增长的美好生活需要和不平衡不充分的发展之间的矛盾。由此对症下药，提出了一系列治国理政新理念新思想新战略，创立了习近平新时代中国特色社会主义思想，实现了马克思主义中国化时代化新的飞跃，为新时代党和国家事业发展提供了行动指南、根本遵循，充分展现了马克思主义基本观点与中国具体实际相结合，由中国具体新变化，提出新的治国理政思考，在解放思想、实事求是、与时俱进、求真务实中回答了新时代的中国之问、世界之问、人民之问、时代之问，深化了对共产党执政规律、社会主义建设规律、人类社会发展规律的认识。在实现中华民族伟大复兴的实践中，既要把握新的时代特点，也要弘扬、继承、创新中华优秀传统文化，这具体的实现途径，就是要创造性转化与创新性发展中华优秀传统文化。在新时代以习近平同志为核心的党中央，充分重视中华优秀传统文化，在坚持马克思主义的立场、观点、方法基础上，把中华优秀传统文化充分融入治国理政中，融入人民群众的价值观塑造中，展现中国人独特的人生奋斗观念、为人处世方法，充分发挥好具有借鉴意义的治国理政智慧，以中国智慧破解发展中困局，以中国方案解决世界迷局，以中国理念解除人类发展僵局。中华优秀传统文化作为中华民族屹立在世界民族之林的突出优势，是中华民族在世界文化中站稳脚跟的根基。这都表现出，新时代的中国共产党人在推进马克思主义中国化时代化的理论构建中，实现了对马克思主义与中华优秀传统文化有机结合认识的深入，实现了对马克思主义中国化时代化的新飞跃，实现了中华文明新发展，创造出人类文明新形态。习近平新时代中国特色社会主义思想充分实现了马克思主义基本原理同中国具体实际相结合，同中华优秀传统文化相结合，展现出新时代党的理论创新是以问题导向为出发点，在人民至上的立场上，以自信自立的态度，以系统观念的统筹，在胸怀天下的视野中，坚持守正创新的马克思主义中国化时代化最新理论成果，实现了马克思主义中国化时代化新飞跃，开辟了马克思主义中国化时代化新境界，是立足于中国实际和中国历史文化的典范。

新征程上，坚持在创造性转化与创新性发展中推动“两个结合”走向深入。实践没有止境，理论创新也没有止境。创造性转化与创新性发展着眼于中华优秀传统文化传承、弘扬、发展的实践路径。具体包含发掘中华优秀传统文化的资源，对中华优秀传统文化的内容和形式进行符合时代要求的创新发展等。而“两个结合”是新时代中国共产党在理论创新中总结的重要原则。理论创新着眼于对中国文化历史的利用，把中华优秀传统文化的思想精华和智慧谋略运用到新时代治国理政和中华民族伟大复兴中，一方面是经验的借鉴，另一方面也突出了中国特色，真正让中华民族伟大复兴立足于中华民族的历史文化。理论创新又立足于当代中国发展实际，充分考虑中国具体实际，以中国式现代化推动中国发展，这个现代化过程借鉴过往西方国家发展经验，也要在中国具体国情中结合实际，不盲目照搬照抄，以现实条件和文化历史为遵循。同时，面对中华优秀传统文化，也不是简单把历史文化智慧拿来的拼凑，这就要经过创造性转化与创新性发展的过程，把有利于中国发展又符合时代进步要求的中华优秀传统文化智慧、经验运用到治国理政中。而从目标来看，都是建设社会主义现代化强国，实现中华民族伟大复兴，是盯住未来目标，一步一个脚印的谨小慎微的实践的理论总结。“两个结合”连接起中国过去、现在、未来的时间逻辑。创造性转化与创新性发展是迈好“两个结合”的关键一步。创造性转化保障了中华优秀传统文化的时代性和形式的多样，不是僵化的历史文化的简单延续。创新性发展为发展注入的动力，不是把过去的东西照搬照抄，更不是旧酒换新瓶的文化守旧。创造性转化与创新性发展为中华优秀传统文化注入新的变革动力，把其中的成功经验作为文化建设的重要经验总结，把中华优秀传统文化的思想精华、经验智慧转化到新时代语境中，作用到新时代治国理政中，不断加深中国共产党对新时代治国理政的规律性认识，形成新时代理论总结，展现出新时代理论构建的创新特征，推进“两个结合”走向深入。创造性转化与创新性发展是“两个结合”的实现途径，只有为创造性转化与创新性发展把好关，马克思主义基本原理同中华优秀传统文化相结合的理论总结才能展现出时代价值和理论价值，才能开辟马克思主义中国化时代化新境界，展现出马克思主义在中国的旺盛活力与蓬勃生机。

新征程上，以昂扬自信坚持新时代理论创新，为全面建设社会主义现代化国家而团结奋斗。鞋子合不合脚，自己穿了才知道，走中国特色社会主义道路，不是偶然，是近代以来中国人民在不断摸索中找到的最优解；是在马克思主义传入中国，与中国具体实际相结合中，与中华优秀传统文化相结合中，探索出能彻底改变中国，人民拥护的道路；是让中华民族五千多年文明焕发生机，是改变近代以来中国半封建半殖民地的社会现状；是在中国大地彻底撕掉绝对贫困标签的正确道路。新时代以来，习近平总书记鲜明提出文化自信，并将其作为“四个自信”的基础和根本，是更基础、更广泛、更深厚的自信。坚定中国特色社会主义道路自信、理论自信、制度自信，说到底是要坚定文化自信。五千多年的文化积淀，是中国实现文化自信的底气，习近平总书记一直强调“当今世界，要说哪个政党、哪个国家、哪个民族能够自信的话，那中国共产党、中华人民共和国、中华民族是最有理由自信的”[①]。它是中国共产党百年奋斗路上对中国特色社会主义道路的自信；是中国共产党坚持马克思主义基本原理同中国具体实际相结合，同中华优秀传统文化相结合，不断开创理论创新的中国特色社会主义理论的自信；是中国特色社会主义制度保障的自信；是中华民族五千多年文化焕发生机活力的文化自信。

新征程上，坚持好“两个结合”是坚持“四个自信”的前提。在“两个结合”的指引下中国特色社会主义道路、理论、制度才不会脱离马克思主义的科学理论的指导，才不会脱离中国具体实际的实践基础，才不会脱离中国特色的文化底色。失去文化自信，伟大复兴更是无从谈起，习近平总书记提出“没有高度的文化自信，没有文化的繁荣兴盛，就没有中华民族伟大复兴”[②]。一方面，会对中国特色社会主义道路、理论、制度产生质疑，丢失文化自信丧失对中国特色的准确定位，重新走上教条的道路，中华民族伟大复兴将无从谈起；另一方面，失去“根”和“魂”，丧失民族凝聚力，成为一盘散沙，中国也将四分五裂，成为西方势力和地方势力的角斗场，中华文明凝聚力也将成为过去的历史。文化自信自立是中国人民当家作主，选择自己道路的前提，是中国人民从苦难走向辉煌的底气，是中华民族伟大复兴的强大精神动力。

新征程上，要立足好中华优秀传统文化的创造性转化与创新性发

---

① 《习近平谈治国理政》第二卷，外文出版社 2017 年版，第 36 页。

② 《中国共产党第十九次全国代表大会文件汇编》，人民出版社 2017 年版，第 33 页。

展，展现好中华民族的文化自信和文化魅力。坚持创造性转化与创新性发展是建设社会主义文化繁荣的重要途径，更是推动“两个结合”的实现途径。新征程上，不断推动马克思主义基本原理同中国具体实际相结合，同中华优秀传统文化相结合，开辟马克思主义中国化时代化新篇章，保持好马克思主义在中国大地的活力，成为伟大复兴的取之不尽、用之不竭的动力。

创造性转化与创新性发展是新时代推动“两个结合”的实现途径。中华优秀传统文化内容丰富，思想多样，底蕴深厚，是中华民族五千多年的文化积淀。新时代面对新任务、新局势，经过创造性转化与创新性发展，为中华优秀传统文化赋予新的时代内涵和现代表达形式，激活其生命力。具有时代生命力的中华优秀传统文化成为新时代党的理论创新的重要文化源泉，成为推动马克思主义基本原理同中华优秀传统文化相结合的重要前提。坚持创造性转化与创新性发展是“两个结合”的实现途径，是不断开创马克思主义中国化时代化的新境界，全面推进中华民族伟大复兴的文化底气。

第七讲

马克思主义中国化与创造性阐释传统学术精华

陈其泰

中国共产党百年奋斗的历史向我们昭示：马克思主义中国化是党领导人民大众克敌制胜的法宝，以此制定了符合中国国情的一系列正确理论、路线和方针。习近平新时代中国特色社会主义思想“实现了马克思主义中国化的新的飞跃”，其最重要的理论品格是“把马克思主义基本原理同中国具体实际相结合、同中华优秀传统文化相结合”，因而“是当代中国马克思主义、二十一世纪马克思主义，是中华文化和中国精神的时代精华”。马克思主义中国化之新飞跃，将为实现社会主义现代化和中华民族伟大复兴提供理论、思想和方针的保证，推动中国政治、经济、社会各个方面的宏伟事业大踏步向前发展。同时，马克思主义中国化之新飞跃开启的新时代新征程，也为学术研究拓展了新领域，预示着学术文化事业必将迎来更加辉煌的前景！

从学理层面讲，习近平新时代中国特色社会主义思想作出的新总结、新概括，对于研究者的宝贵启示，就是树立了学术研究中实现继承性和创新性、民族性和时代性结合的典范。“两个结合”这一精当的新概括，是党领导人民进行艰苦卓绝而又无比豪迈的伟大斗争在理论上的结晶，是民族复兴伟业取得节节胜利、因而确立“文化自信”的展示，是凝聚新时代中国精神中国智慧的理论指针。在新时代新征程中，按照“两个结合”的精神，贯通把握历史、现在、未来，对五千多年中华文明的演进和规律作深入探讨，对丰富的古代名著的精湛内容和深刻哲理进行发掘、总结，对中华文化的伟大创造力和特质进行阐释，发挥上述各项对治国理政、增强中华民族凝聚力、坚定文化自信和提高社会主义文化创造力的当代价值，这是意义何等重大的世纪文化盛事！

一、马克思主义与中华优秀传统文化相契合的内在逻辑

马克思主义这一先进学说和科学理论并不是凭空产生的，正如列宁所指出，它是继承全人类一切优秀文化成果的产物。列宁说：“马克思主义这一革命无产阶级的思想体系赢得了世界历史性的意义，是因为它并没有抛弃资产阶级时代最宝贵的成就，相反却吸收和改造了两千多年来人类思想和文化发展中一切有价值的东西。”[①] 马克思主义的光辉价值正在于“回答了人类先进思想已经提出的种种问题”[②]，“共产主义是从人类知识的总和中产生出来的，马克思主义就是这方面的典范”[③]。

---

① 列宁：《关于无产阶级文化》，《列宁选集》第4卷，人民出版社1995年版，第299页。
② 列宁：《马克思主义的三个来源和三个组成部分》，《列宁选集》第2卷，人民出版社1995年版，第309页。
③ 列宁：《青年团的任务》，《列宁选集》第4卷，人民出版社1995年版，第284页。

中国传统思想中的精华，同样是表达了历代人民大众的美好追求和理想。这些思想和学说虽然尚未达到欧洲18世纪先进学说的高度，但其发展方向是相同的，其中所包括的命题也往往是相同或相似的。因而中国传统文化中的优秀遗产是同唯物史观基本原理相通的，这就成为五四运动以后先进的中国人接受这一科学理论的思想基础和桥梁。

唯物论和辩证法学说是马克思主义理论的基石，我们从古代典籍中能够发掘出大量确凿的材料，证明传统学术的精华是与唯物论和辩证法原理相通的。马克思主义的唯物论认为：物质第一性，精神第二性；事物的发展变化以及社会上层建筑、意识形态的形成和演变，都有客观规律，这些规律须从一切社会现象总和中分析研究出来，“不可知论”、神秘主义等都是错误的；社会存在决定社会意识，社会意识也能起反作用。中华优秀传统文化中正好有丰富的唯物主义思想资料，并且从先秦到近代形成优良的唯物主义思想传统。

其显著者如：先秦思想家即认为阴阳二气和“五行”（金木水火土五种元素）是构成世界万物的基础；战国时期荀子提出“天行有常，不为尧存，不为桀亡”[①]，即认为物质世界有自己的客观规律，不以人的意志为转移；《管子》认为，社会的礼制道德，不是凭空产生，必须建立在一定的物质生产水平之上，“仓廪实则知礼节，衣食足则知荣辱”[②]。汉代司马迁推进了这些认识，他论述社会经济生活有自己的法

---

① 《荀子·天论》，《荀子集解》卷十一，《新编诸子集成》本，中华书局1988年版，第306—307页。

② 《管子·牧民》，《管子校注》卷一，《新编诸子集成》本，中华书局2004年版，第2页。

则："人各任其能，竭其力，以得所欲。故物贱之征贵，贵之征贱，各劝其业，乐其事，若水之趋下，日夜无休时，不召而自来，不求而民出之。岂非道之所符，而自然之验邪？"① 这里把经济生活中存在的法则提高到客观存在，并以得到验证的"道"来论述，强调它不是什么行政力量所能强制，也不是人的意愿所能改变，以此推动社会的发展。而在西汉时期学者概括出来的"实事求是"，必须依靠可靠的事实才能得到正确的认识的思想，由此形成传统学术的优良传统，更是与马克思主义重视事实和"求真"的思想相贯通。此后，东汉的王充，清代的王夫之、颜元、戴震、魏源等都继承了古代唯物主义思想传统，提出了闪烁着进步光辉的论点。他们从认识论根源和社会政治运作层面对理学的有力批判，充分显示出中国唯物主义优良传统的强烈战斗精神，预示着统治中国社会长达五六百年的理学时代行将结束，中国思想界将进入剧烈变动的新时期。上述思想家的唯物主义主张和批判精神，恰恰成为为20世纪先进的中国人接受马克思主义唯物论和革命学说的桥梁。

马克思主义的辩证法与唯物论直接相联系。经典作家对于辩证法的精髓有许多精警的论述，如，"当我们通过思维来考察自然界或人类历史或我们自己的精神活动的时候，首先呈现在我们眼前的，是一幅由种种联系和相互作用无穷无尽地交织起来的画面，其中没有任何东西

① 司马迁：《史记》卷一百二十九《货殖列传》，中华书局1959年版，第3254页。

是不动的和不变的，而是一切都在运动、变化、生成和消逝”[①]，“可以把辩证法简要地规定为关于对立面的统一的学说。这样就会抓住辩证法的核心”。[②]恰当地结合社会生活实践和科学研究的实践，运用并发挥这些真理性认识，便能在革命运动或学术领域中创造出出色的成绩。中华优秀传统文化中有大量关于自然界和社会历史辩证运动和发展的宝贵认识，尽管表达尚不够系统，但这些论述同样充满智慧、异彩纷呈。20世纪初，中国的许多先进分子正是经由中华优秀传统文化中的这些思想精华通向马克思主义辩证法。

先秦儒家经典《诗经》《周易》等书中论述辩证、发展的观点丰富而突出。《诗经》中“高岸为谷，深谷为陵”的诗句，用自然界高岸、低谷的剧变，形象地比喻社会新旧制度、强弱势力的巨大变化。《左传・鲁昭公三十二年》载，晋国大夫史墨引用此诗句并加以引申，他说：“社稷无常奉，君臣无常位，自古以然。故《诗》曰：‘高岸为谷，深谷为陵。’三后之姓，于今为庶。”[③]进一步深刻地阐发事物永远处于变化演进之中，无不向其对立面转化，国君可以变为臣，贵族可以变为庶民，反之亦然，这就是事物辩证发展的法则。孔子《论语》有许多讲事物辩证关系的警句，如：“我叩其两端而竭焉”，避免事物走向两个极端。又如：“过犹不及”，指出超出一定的限度事物即走向反面。孔子还提出“经”与“权”这样一组对丰富辩证思想很有意义的范畴，

---

① 恩格斯：《社会主义从空想到科学的发展》，《马克思恩格斯选集》第3卷，人民出版社2012年版，第790页。

② 列宁：《辩证法的要素》，《列宁选集》第2卷，人民出版社1995年版，第412页。

③ 《左传》，《十三经注疏》本，中华书局1980年版，第2128页。

“经”是事物的常规性，是在通常情况下应当遵守的做法；“权”是灵活性，是在不违反原则前提下的变通。在特殊情况下，死守常道恰恰是违反原则的，而必须做灵活的处理才符合原则。此后孟子、董仲舒都对这一思想加以发展，使儒家哲学尤为增色！儒家经典《易经》即用六十四卦的排列、变化，显示出正反事物互相对立而统一的关系。成书于战国的《易传》充分地演绎了“一阴一阳之谓道”，正是由于事物自身包括有自己的对立面的统一，所以事物才有不断地变化、发展。如《乾卦·象辞》说：“天行健，君子以自强不息。”这一论断高度概括运动发展、生生不息的力量源泉和演进趋势，成为两千多年来鼓舞中华民族奋发进取、刚健有为、衰而复振、乐观创造的精神支柱。《易传》言：“穷则变，变则通，通则久。”“上下无常，刚柔相易。”“安不忘危。”都是讲事物对立统一的关系。《易传》作者又特别强调变革：“天地革而四时成，汤武革命，顺乎天而应乎人，革之时大矣哉！”[①] 所有这些论述表达出的中心思想是：无论自然界或人类社会，事物的变化就是通过对立面转化的方式，不断更新和前进的过程。

后世见识卓荦的人物，继承了前贤的辩证思维并向前推进，以高度的智慧精研学术、评论历史、指陈现实，著成光辉熠熠的文化宝典。司马迁精通《周易》的辩证思维，他以华夏几千年历史的壮阔道路和西汉蓬勃向上的时代风气为底蕴，撰成通史巨著《史记》，总结出“通古今之变”的光辉史学思想，“古”与“今”同贯于一史，始探明其

① 《周易·革卦·彖辞》，《十三经注疏》本，中华书局 1980 年版，第 60 页。

上下之“通”，又考察其各个重要阶段之“变”，影响了中国史学发展两千余年。到明清鼎革的年代，进步学者更运用辩证思维总结此“天崩地解”的大变局，思想上获得一大解放，因而产生了反映时代思潮的《日知录》和《明夷待访录》两部杰作。顾炎武、黄宗羲具有强烈批判精神的言论就是运用辩证思维对社会现实和学术变迁作深刻的总结而得，因而为中华优秀文化增添了光彩！至乾嘉时期，中国社会已处于近代的前夜，感觉敏锐的学者，已经感悟到时代的迫切需要，因而发扬批判精神，运用辩证分析的思想锐器，对因循保守的局面展开冲击，以求开创新路，章学诚就是这样的具有革新勇气的人物。处于当日理论思维相对薄弱的时代，唯独他重视对历史哲学的探索，敢于启开“千古未凿之窦”，甚至发出石破天惊之伟论。其过人的勇气、厚重的底气，从何而来呢？就在于对中华文化优良传统自觉继承，深谙其中的精义妙理，因而在孤独和挫折中找到方向。再者，其重要观点，都是从辩证分析而得来，此乃《文史通义》全书精髓所在。鸦片战争前后，面对历史大变局，进步学者运用“法无不改”的辩证观点，以更大的声势批判空疏学风，揭露封建专制的黑暗残酷，倡导实行社会改革。龚自珍警告“衰世”已经到来，提出“一祖之法无不敝，千夫之议无不靡，与其赠来者以劲改革，孰若自改革”[①]。魏源主张“变古愈尽，便民愈甚”[②]，还于1841年编纂《海国图志》，提出“师夷长技以制夷”的著名口号，表达了中华民族抗击侵略、救亡图强的呼声。还

① 龚自珍:《龚自珍全集》第一辑《乙丙之际箸议第七》，上海人民出版社1975年版，第6页。
② 魏源:《魏源集·默觚下·治篇五》，中华书局1976年版，第48页。

有林则徐、姚莹、包世臣、张际亮等学者力倡经世致用的论著和主张。所有这些具有时代意义的成果，恰恰成为中国本土学者运用辩证法在历史剧变时期所取得成就的一次检阅。

以上举证和论述说明，马克思主义基本理论和中华优秀传统文化都是符合人类文明发展大道的珍贵成果，而且二者在考察自然界和人类社会所得出的许多基本认识与致力于推动人类进步事业的目标上，都是互相贯通、彼此呼应的。20 世纪先进的中国人由于深受中华文化精华的熏陶，因而一旦阅读到马列真理便心悦诚服地接受，用以指导革命并不断取得胜利，这是人类历史上极为重要、极有意义的事件。中华优秀文化具有接受马克思主义真理的内在基础和内在动力，由此充分证明：马克思主义中国化及其向前发展具有深刻的内在逻辑性。

二、唯物史观与创造性阐释中国传统学术精华

以什么样的态度对待先辈们遗留下来的学术遗产，是人类文化演进史上必然遇到，并且必须正确解决的重大问题。是只讲“守成”、原封不动地照搬，或是视之如敝屣、一脚踢开，还是批判地继承、创造性地运用？历史经验证明，如果采取前两种错误态度，就会直接导致文化处于停滞不前、墨守成规、毫无创造力的状态，或者误入歧途，对历史文化采取虚无主义态度，最严重的后果甚至造成文化的浩劫。只有采取批判继承、创造性发展的科学态度，才能保证文化事业走上健康发展的康庄大道。思想路线不同，后果便是天壤之别。正因为如何对待文化遗产在理论指导上有如此重要的意义，唯物史观的创立者和

推进者一向予以高度重视，根据不同时期出现的倾向和经验教训，提出重要的理论主张，为文化发展指明方向。

在 19 世纪 90 年代，法国和德国一些自称为马克思主义者的人士教条式地认为，只有经济因素才是唯一对社会发展起决定性的因素，而完全否认政治、哲学、宗教等思想学说也对社会进程起着重要的作用。恩格斯对这种错误观点及时提出严肃的批评，他强调思想学说（包括政治、法律、哲学、宗教等）在演变历程中的继承性特点，指出一个时代的学术思想必然是接受了前代思想家的直接影响。他说："历史方面的意识形态家（历史在这里应当是政治、法律、哲学、神学，总之，一切属于社会而不是单纯属于自然界的领域的简单概括）在每一科学领域中都有一定的材料，这些材料是从以前的各代人的思维中独立形成的，并且在这些世代相继的人们的头脑中经过了自己的独立的发展道路。"[①] 到俄国十月革命胜利初期，出现了一批自称是"无产阶级文化派"的人物，他们主张彻底抛弃前人的文化遗产，要求从零开始"创造"所谓的"无产阶级文化"。列宁对这种错误观点予以彻底驳斥，他指出："马克思主义这一革命无产阶级的意识形态赢得了世界历史性的意义，是因为它没有抛弃资产阶级时代最宝贵的成就，相反却吸收和改造了两千多年来人类思想和文化发展中一切有价值的东西。"[②] 他同时强调马克思学说的产生"正是哲学、政治经济学和科学社会主

① 恩格斯：《恩格斯致弗兰茨·梅林（1893 年 7 月 14 日）》，《马克思恩格斯选集》第 4 卷，人民出版社 2012 年版，第 642—643 页。

② 列宁：《关于无产阶级文化》，《列宁选集》第 4 卷，人民出版社 2012 年版，第 299 页。

义的伟大代表人物的学说的直接继续”。列宁的论述深刻地阐明了马克思主义思想体系与18世纪欧洲古典学说的继承关系，有力地证明了貌似革命的“无产阶级文化派”主张的错误实质和危害性。

中国共产党在领导革命和建设伟大实践中，将唯物史观普遍原理与中国社会实际相结合，形成了推进革命斗争和国家建设的文化思想、文化方针，这是“马克思主义中国化”事业中的宝贵成果。毛泽东同志根据新民主主义革命的经验，正确地概括了“继承优秀的历史遗产是实现革命任务的必要条件”和“吸收其精华，排除其糟粕”的文化方针。他在1938年10月所作的《中国共产党在民族战争中的地位》的报告中有这样精辟的论述：“学习我们的历史遗产，用马克思主义的方法给以批判的总结，是我们学习的另一任务。我们这个民族有数千年的历史，有它的特点，有它的许多珍贵品。对于这些，我们还是小学生。今天的中国是历史的中国的一个发展；我们是马克思主义的历史主义者，我们不应当割断历史。从孔夫子到孙中山，我们应当给以总结，承继这一份珍贵的遗产。这对于指导当前的伟大的运动，是有重要的帮助的。”1940年1月，他又在《新民主主义论》这一重要文献中提出：“中国的长期封建社会中，创造了灿烂的古代文化。清理古代文化的发展过程，剔除其封建性的糟粕，吸收其民主性的精华，是发展民族新文化提高民族自信心的必要条件；但是决不能无批判地兼收并蓄。必须将古代封建统治阶级的一切腐朽的东西和古代优秀的人民文化即多少带有民主性和革命性的东西区别开来。中国现时的新政治新经济是从古代的旧政治旧经济发展而来的，中国现时的新文化也是从古代的旧文化发展而来，因此，我们必须尊重自己的历史，决不能割断历史。但是这种尊重，是给历史以一定的科学的地位，是尊重历史的辩证法的发展，而不是颂古非今，不是赞扬任何封建的毒素。对于人民群众和青年学生，主要地不是要引导他们向后看，而是要引导他们向前看。”①

毛泽东同志对于长期的中国古代社会所创造的文化成就和价值，给予了极高的评价，强调继承这笔丰富的遗产对发展民族新文化、提高民族自信心具有重要的意义；同时制定了取其精华、弃其糟粕的正确方针，这就确定了根据新时代的需要，加以改造发展的明确任务。这些论述至今对我们仍然具有宝贵的指导意义。时代在前进，“马克思主义中国化”的伟大事业也在向前推进。今天，文化建设的理论在宏伟的社会主义实践的推动下获得了重大的发展，集中体现在习近平新时代中国特色社会主义思想中。习近平总书记深刻地指出：“中国特色社会主义文化，源自于中华民族五千多年文明历史所孕育的中华优秀传统文化，熔铸于党领导人民在革命、建设、改革中创造的革命文化和社会主义先进文化，植根于中国特色社会主义伟大实践。发展中国特色社会主义文化，就是以马克思主义为指导，坚守中华文化立场，立足当代中国现实，结合当今时代条件，发展面向现代化、面向世界、面向未来的，民族的科学的大众的社会主义文化，推动社会主义精神文明和物质文明协调发展。要坚持为人民服务、为社会主义服务，坚持百花齐放、百家争

---

① 《毛泽东选集》第 2 卷，人民出版社 1991 年版，第 533—534、707—708 页。

鸣，坚持创造性转化、创新性发展，不断铸就中华文化新辉煌。”[①] 这一概括，是对中国共产党成立以来所执行的文化方针的新总结，是对当今时代需要的及时回应，也是对唯物史观理论的丰富和发展。

通过学习习近平新时代中国特色社会主义思想，我们明确了肩负的两大使命：一是必须无比珍视优秀传统文化这一源头，牢记“坚守中华文化立场”。在文化工作中既要大力体现当今的时代性和创新性，又要鲜明地体现民族性和继承性，二者兼备，创造出“不忘本来，吸收外来，面向未来”的新文化。二是要努力实现中华优秀传统文化的创造性转化、创新性发展，树立强烈的使命意识，潜心钻研，精心打造出一批精品力作，努力提升国际学术话语权，推进中国文化走向世界。尤其是要“努力展示中华文化独特魅力”，“把跨越时空、超越国度、富有永恒魅力、具有当代价值的文化精神弘扬起来”[②]。

站在当今时代高度，自觉地以唯物史观为指导，我们深感创造性阐释传统文化精华不仅意义重大，而且大有可为。中国有五千多年连续不断的文明发展历程，有浩如烟海的文化典籍，有广阔国土上陈列的历史遗迹和出土文物，这些都为我们提供了无比多样的研究课题。以历史编纂学史这一分支学科而言，就有大量宝藏等待我们发掘。中国传统史学的发达举世公认，史学是传统学术中最为发达的学术门类，从先秦开始，各个时代都有史学名著产生，风格多样，琳琅满目。《四

① 习近平：《决胜全面建成小康社会 夺取新时代中国特色社会主义伟大胜利——在中国共产党第十九次全国代表大会上的报告》，《人民日报》2017 年 10 月 28 日。

② 习近平：《建设社会主义文化强国 着力提高国家文化软实力》，《人民日报》2014 年 1 月 1 日。

库全书总目提要》将历代典籍区分为正史、编年、纪事本末、别史、传记、职官、政书、史评等 15 类。梁启超《新史学》则将史书体裁区分为 10 种、23 类。风格各异的历史著作形式是祖先留给我们的无比珍贵的文化遗产！与西方史学相比，历史编纂应为中国史学最为优长和最具特色之所在。各个时代产生的史学名著都是历史学家呕心沥血著成的，其成功包含着进步的史识，渊博的学识，高明的治史方法，合理、严密的编纂技巧，这些具有宝贵价值的内涵都承载在历史编纂的成果之中。仅以《史记》为例，我们从中华民族文化基因锻造的视角进行创造性阐释，就能有诸多新的发现。

三、创造性阐释:《史记》与中华民族文化基因的锻造

文化基因是民族特质和生命力的集中体现，是数千年奋斗前行的中华民族躯体内流淌的血脉，是民族精神的根基。中华民族文化基因的锻造形成是一个历史过程，经历了漫长的孕育、产生、壮大，又在严峻考验中得到淬砺而升华。大体而言，从黄帝时代萌发至夏、商时期，是萌发阶段；西周至春秋战国时期，是产生和光彩展露阶段，其标志是《尚书》《周易》《论语》《孟子》《左传》《国语》及其他战国诸子中对民族文化基因的一些特征、智慧所作的极其简要的概括，成为著名的古训，这是民族文化基因的重要渊源，也是后代杰出人物认识中华文明特质并加以阐释的纲领；秦汉以后至明代，是民族文化基因壮大和芳华盛放阶段，众多政治家、思想家和有为之士结合所处时代特点，吸收新的智慧，对民族文化基因做了出色的丰富、提升，为汉唐盛世

的出现和古代文化的光辉灿烂提供创造的凭借睿思卓识，在此漫长时期中也有过严峻的考验、磨难，但依靠文化基因的优良和坚韧，中华民族得以衰而复振、蹶而复起；自清初至20世纪，民族文化基因在社会趋势走向近代、救亡图强思潮涌起的新环境中得到淬砺、升华，凤凰涅槃，为民族伟大复兴提供助力。历经五千多年，漫长而壮阔，丰富而深刻，历久而弥坚！在中华民族文化基因锻造与提升过程中，兼具丰富性、思想性和创造性的《史记》产生过巨大作用。对此，我们应站在今天时代高度重新审视，作出具有理论价值的创造性阐释，并从中获得宝贵的启示。

（一）弘扬传统，疏通知远

“疏通知远”是华夏先民很早提出的观念，是中华民族文化基因重要源头之一。《史记》的著成，使华夏先民“弘扬传统，疏通知远”这一重要文化基因得到有力的提升。司马迁确立的著史宗旨“通古今之变”，就是对《尚书》“疏通知远”精神的直接发展，站在新的高度对中华民族全部历史，总结其发展的全过程。《史记》继往开来，史识卓越，气魄更雄伟，再现中华民族有史以来的历史进程更加连贯和丰富，对锻造中华民族文化基因贡献巨大，成为后代著述历史尤其是通史著作的楷模。

生当总结华夏文明前所难逢的最佳机遇，司马氏又是世代担负史官重任，所以他以著成《史记》，接续五帝、三代，直至记载秦、汉历史为本人的崇高使命。在这种历史责任感鼓舞下，在许多关键问题上，司马迁作出了典范性处理，彰显了中华民族珍惜祖先成果的、高度重视人的活动、以理性态度解释历史创造进程的人文精神。首先，确认黄帝为中华文明始祖，是在审慎“考信”基础上对于先秦儒家典籍记载的恰当继承并作出定论，这对于几千年来民族文化认同具有重大意义。两千多年来，中国人世世代代普遍地以黄帝为中华民族共同祖先，形成了占全世界人口最多的中华民族对于自己的民族历史和文化“本根”的共同认识，促进了“大一统”局面的巩固，加强了民族向心力，其意义极其深远。其次，《史记》明确记载，夏、商、周三代鼎革但是文明相承，以周公为代表的周初政治家所总结的王朝盛衰的历史教训一直为后代传承下来，成为加强民族文化认同的宝贵思想营养。最后，继承先秦政治家、思想家的进步观念，对于秦汉之际历史变局和西汉建立这一大的历史关节点作出深刻的总结。

（二）革新创造，穷变通久

贯彻革新、创造的精神，根据客观形势的需要制定正确的施政方针，是中华民族克服艰难、发展壮大的力量源泉。《易经》上所说：“天行健，君子以自强不息。”又说：“穷则变，变则通，通则久。”[①] 正是民族精神的最好概括，也是面对积弊或艰危局面、勇于变革旧章开辟新路的规律之总结。司马迁以史实对《易经》的古训作了充分的阐释，而其“通古今之变”的著史宗旨，首先即要探究变革对推进历史进程的意义。

① 《周易·系辞下》,《十三经注疏》本，中华书局 1980 年版，第 86 页。

对于战国时期的历史，司马迁突出记载了商鞅变法、吴起变法和赵武灵王胡服骑射对于实现强国的明效大验。尤其是，他特别以浓墨重彩，再现了汉朝因成功实行治国政策的改变而成为中国历史上第一个强盛朝代的历程，《高祖本纪·赞》所论“故汉兴，承敝易变，使人不倦，得天统矣”，就成为《史记》中有关西汉前期历史记载的纲；相关的史实依次详细展开，与“承敝易变”这一哲理概括相呼应，有力地彰显了正确的变革方针对于推动社会前进的意义。司马迁不仅总结了“承敝易变”的深刻哲理，又清醒地提出“见盛观衰”的重要命题。《平准书》中尖锐地提出：由于社会财富充溢，造成了公卿大夫“争于奢侈”，无有限度，而武帝连年大事征伐，百姓因赋税和转运军需造成无法承受的负担，“兵连而不解，天下苦其劳，而干戈日滋”，引起社会的动荡。司马迁之实录式著史和“盛极而衰”的敏锐观察，恰好与武帝晚年“深陈既往之悔”而转变政策、实行“罢兵力农”的历史进程相符合。

（三）加强统一，凝聚团结

不断加强全国范围内的统一，是中华民族在自然环境和社会文化心理双重作用下形成的必然历史趋势。我们的祖先赞赏“协和万邦”，就是在小国林立的时代表达对广大范围内实现统一的愿景。《论语》中所载孔子梦周公，赞美周礼，要求“天下有道，则礼乐征伐自天子出”，都是表达对西周初年以封土建邦形式体现的统一局面。我国最早的历史典籍《尚书》《春秋》《左传》《国语》，都是在当时历史条件下尽可能地收集史料，编纂成记述全国范围的历史活动之著作。上述古代政治家、思想家的遗训和典籍记载的特点，都对中华民族不断巩固和推进统一局面产生极其深远的影响。

司马迁深谙中华民族统一发展的历史趋势及其重大意义，他不仅自觉继承上述优良传统，更以精心创造的著史格局和丰富确凿的内容，为提升世代中华儿女的文化认同和维护统一事业发挥了巨大的作用。《史记》首创的“五体”配合的著史体制，以十二“本纪”为总纲，其余“八书”、三十“世家”、七十“列传”等相环绕，如众星拱北辰，“以奉主上”，恰恰是现实大一统政治结构在历史编纂领域的投影，极其形象地体现了中央集权体制，成为意识形态上潜移默化的力量。从《史记》开始，两千年间历代纂修的纪传体史书被尊奉为正史，誉为著史之“极则”，对加强全国统一实有十分重要的意义。在内容上，司马迁更殚精竭虑、旗帜鲜明地记载了大量有关国家统一不断加强的史实。尤其是，司马迁以宏大气魄记述了国家大一统局面下，各民族的活动、边疆民族与中原民族联结一体的关系。司马迁记述歌颂国家统一发展的宗旨和风格，又为东汉初班固所继承，《史记》《汉书》两部巨著深深刻印在中华儿女的脑海里，使“加强统一”、团结凝聚的文化基因得到极大提升。

（四）热爱和平，反抗压迫

热爱和平是中华民族历史文化的传统。《尚书》讲“协和万邦”，在上古时代是希冀天下各小邦和平相处、互助发展，可以此推演成为后世处理各国关系的原则。孔子讲："四海之内皆兄弟也"，更是表达了中华民族热爱和平的情怀。《礼记》中描绘的"大同"理想："天下为公，选贤与能，讲信修睦"，以及儒家春秋公羊学派憧憬的人类社会进化的高级阶段："至所见之世，著治太平，夷狄进至于爵，天下远近小大若一"[①]，都以根绝战争、压迫、剥削的臻于理想境地的愿景，滋养、熏陶着世代中华儿女。司马迁继承了华夏先人热爱和平的传统，在《史记·孝文本纪》中，对汉文帝成功实行对匈奴"坚边设候，结和通使，休宁北陲"的政策，"故百姓无内外之徭，得息肩于田，天下殷富"，表达了衷心赞赏，称其达到了"仁"的境界，使这一传统得到强有力的传承。

热爱和平与反抗压迫，是正义事业相辅相成的两翼。中华民族自古有反抗压迫、伸张正义、坚强不屈的光荣传统。《周易》上说："汤、武革命，顺乎天而应乎人。"《论语》说："三军可夺帅也，匹夫不可夺志。"《史记》将这种民族精神大力发扬光大。楚怀王昏庸误国，屈原忠心爱国而被放逐，《屈原列传》称颂他："推此志也，虽与日月争光可也。"[②]又表彰蔺相如面对秦昭王恃强对赵国欺诈侵夺侮辱，他大义凛然、视死如归，怒喝："五步之内，相如请得以颈血溅大王矣！"[③]而《史记》提升抗击强暴、伸张正义的民族精神的高峰，更在于表彰雇农出身、揭竿而起、点燃了反秦起义烈火的英雄陈涉，破格立了《陈涉世

---

① 《春秋公羊经传解诂》鲁隐公元年何休注文，《十三经注疏》本，中华书局 1980 年版，第 2200 页。

② 《史记》卷八十四《屈原贾生列传》，第 2482 页。

③ 《史记》卷八十一《廉颇蔺相如列传》，第 2041 页。

家》，生动地表现了他为解救民众灾难敢于举起反抗大旗的精神。由于《史记》的大力表彰，蔺相如视死如归捍卫赵国尊严的气概，陈涉揭竿而起反抗暴秦的精神，就成为教育后代中华儿女、发扬民族精神的崇高典范。

（五）包容共辉，和谐有序

《周易·坤卦》载有重要古训："地势坤，君子以厚德载物。"《周易·坤卦》爻辞讲的这句话，与"天行健，君子以自强不息"同样表达了中华民族精神的基本特征。"自强不息"概括民族文化的革新性、创造性，生机勃勃、永远进取；"厚德载物"则概括民族文化的兼容性、广博性，博大精深、多元并存。《史记》这部巨著囊括了中华民族几千年的历史事件、众多人物活动和丰富的典章制度、社会情状，恰恰典型地体现了中华文化"厚德载物"、海纳百川的宏伟气魄和特征。一是《史记》首创从多方面记载各边疆民族的历史、文化，并揭示出边疆民族与中原民族的紧密联系，证明一部中国历史属于各民族的共同创造。二是《史记》又展示出拥抱全民族文化的宽阔胸怀。《史记》将各家各派的学术思想囊括其中，把各具智慧和光彩的历史人物载入史册。

与此密切相连的，和谐有序这一文化基因也在《史记》中得到大力发扬、提升。"和"是中国古代哲学的极高境界，也是古人的高度智慧，要求达到和谐、协调，事物之间既保持本身的特点又彼此融洽相处。司马迁以高明的手法，将这种智慧用到史书体例上，经过他的精心组织、安排，使全书各大部件之间、篇章之间、相关的重要内容之间形成一种统一、协调的关系。这里以司马迁对七十“列传”的精心安排为例证：以时间先后为顺序；凡是地位重要而又事迹丰富的人物，设立为专传；对于人物事迹互相关联密切或风格相近者，设立合传，如《管晏列传》《老子韩非列传》《孙子吴起列传》等；先记载有重要作为、建立功名的人物活动，然后安排记载边疆民族的传和记载某一阶层、某一类型人物的类传，如《匈奴列传》《东越列传》，以及《循吏列传》《儒林列传》《货殖列传》等。

如果说，尽管以往有关《史记》的研究成果数量众多，我们运用新视角进行新阐释尚且能多有发现，那么，古代史学名著前后继出，从先秦的《尚书》《左传》，到清代的《明儒学案》《文史通义》，堪称灿若星汉，我们再作深入发掘，又该能提出多少有价值的新见解！正如恩格斯所谆谆告诫的那样，谁只要认真运用唯物史观的原理在历史学的某一领域上努力探索，谁就将获得广阔天地，做出超群出众的成绩！

传统文化精华中蕴含着宝贵的民族智慧，其中有许多超越时空、超越国度，能与当今时代需要相适应的永久价值。我们应该以新的视角、新的方法加以发现和阐释，进行创造性转化，为发展当今民族新文化提供强大助力，并以此提高中国的国际影响力，推进中国学术走向世界。创造性阐释中华传统文化精华是十分艰巨的任务，需要有切实有效的措施和方法。其中，如何拓展新的领域，如何不囿于成说，在努力搜集新证据的基础上提出新见解，如何运用“历史分析法”充分关注文化的时代性特点和继承性关系，如何发现文化现象背后存在的久远的历史渊源，以及经由不同时代、不同人物之手加工、丰富、重塑并逐步演化。这几项任务就很值得关注。

第八讲

中华优秀传统文化与增强“四个自信”

马云志

文化是民族生存和发展的重要力量。习近平总书记强调，中华优秀传统文化源远流长，是中华民族的“根”和“魂”，是坚定文化自信的重要基础。在五千多年文明发展中孕育的中华优秀传统文化，积淀着中华民族最深沉的精神追求，代表着中华民族独特的精神标识，是中华民族生生不息、发展壮大的丰厚滋养，是中国特色社会主义植根的文化沃土，是当代中国发展的突出优势，对延续和发展中华文明、促进人类文明进步发挥着重要作用。显然，充分挖掘和利用中华优秀传统文化资源已然成为时代的重大课题。对中华优秀传统文化资源增强有关“四个自信”重大意义的全面梳理和研究，是进入新时代，“增强‘四个自信’教育中的中华优秀传统文化资源挖掘与应用研究”的逻辑起点和理论前提。

一、为中国特色社会主义道路提供文化滋养，有助于增强“道路自信”

中国特色社会主义道路虽然是在改革开放时期形成的，但是它却来自历史的深处，有其深厚的历史依据。习近平总书记在第十二届全国人民代表大会第一次会议上指出，“这条道路来之不易，它是在改革开放 30 多年的伟大实践中走出来的，是在中华人民共和国成立 60 多年的持续探索中走出来的，是在对近代以来 170 多年中华民族发展历程的深刻总结中走出来的，是在对中华民族 5000 多年悠久文明的传承中走出来的，具有深厚的历史渊源和广泛的现实基础。中华民族是具有非凡创造力的民族，我们创造了伟大的中华文明，我们也能够继续拓展和走好适合中国国情的发展道路。”[①] 习近平总书记的精辟论述，深刻揭示了中国特色社会主义道路形成和发展的历史逻辑，明确指出了中国道路形成与五千多年伟大中华文明之间一脉相承的深刻历史关系，这是我们正确认识中国道路，增强“道路自信”的历史文化依据。

恩格斯深刻指出，“我们自己创造着我们的历史，但是第一，我们是在十分确定的前提和条件下创造的”。[②] 这里的前提和条件，既包括物质的前提和条件，也包括文化的前提和条件。人类历史发展表明，任何道路的选择和创生，都离不开特有的“文化依赖”，这就是传统文化的巨大作用。中国特色社会主义道路的成功选择和不断拓展，尤其依赖于历史悠久、博大精深的中华优秀传统文化，中华优秀传统文

① 《习近平谈治国理政》第一卷，外文出版社 2018 年版，第 39—40 页。
② 《马克思恩格斯选集》第 4 卷，人民出版社 2012 年版，第 604 页。

化是中国特色社会主义道路的开辟之源、形成之根、发展之脉，离开了这个源头活水，离开了这个根脉，中国特色社会主义道路就不可能形成，也不可能成功，所以，2021 年 3 月 22 日，习近平总书记在考察福建的朱熹园时强调，如果没有中华五千年文明，哪有什么中国特色？如果不是中国特色，哪有我们今天这么成功的中国特色社会主义道路？我们要特别重视挖掘中华五千年文明中的精华，把弘扬优秀传统文化同马克思主义立场观点方法结合起来，坚定不移走中国特色社会主义道路。① 中国特色社会主义道路的选择、形成和发展依赖于中华优秀传统文化，中国特色社会主义道路的成功离不开中华优秀传统文化的支撑和支持，有了历史悠久、博大精深、历久弥新的中华优秀传统文化的支撑和支持，我们有理由坚信中国特色社会主义道路是实现中华民族伟大复兴的必由之路，是建成社会主义现代化国家的必由之路，是创造中国人民美好生活的必由之路。

我们坚定道路自信，根本的原因在于中国特色社会主义道路具有独特优势，这种优势在于它立足中国国情、能够解决中国问题，能够创造中国奇迹，符合中国共产党的初心使命，符合人民的意志和追求，符合人类社会发展规律，符合中国社会发展规律，符合社会主义发展规律。它来自历史、来自实践、来自真理，有着深刻的理论依据、历史依据、实践依据，是历史的选择、人民的选择。

中华优秀传统文化与“道路自信”之间的关系既是一种内在依赖与

---

① 参见《习近平谈治国理政》第四卷，外文出版社 2022 年版，第 315 页。

被依赖的关系、生成与被生成的关系、延续与被延续的关系、支撑与被支撑的关系，又是一种继承和发展的关系、守正与创新的关系、延续与升华的关系。中国特色社会主义道路依赖于中华优秀传统文化的滋养，是在中华优秀传统文化的沃土中生成的正确道路，它与中华优秀传统文化的基本理念与精神一脉相承，并且在中华民族伟大精神的支撑下战胜各种困难取得一个又一个的伟大成就。中国特色社会主义道路是中国共产党领导中国人民在发展道路上的一个伟大的革命性创造，它不是简单延续我国历史文化的母版，而是在马克思主义基本原理的指导下，将中华优秀传统文化与当代社会发展的趋势及现代文化发展的要求相结合，在继承中发展、在发展中继承；坚守中华优秀传统文化“优秀”内容、坚守中华优秀传统文化之正道，经过艰辛探索，勇敢实践，不断推进中国特色社会主义道路的内容和形式的创新；中国共产党始终是中华优秀传统文化的忠实的继承者、弘扬者和建设者，一百多年来，我们党在领导人民进行革命、建设、改革的伟大实践中，自觉肩负起传承和发展中华优秀传统文化的历史责任，坚持古为今用、与时俱进、辩证取舍、推陈出新，“以古人之规矩，开自己之生面”①，把延续中华文化血脉与升华中华文化之精髓有机结合起来，为中国特色社会主义道路的不断拓展注入源源不绝的精神动力。正确认识和把握中华优秀传统文化与中国特色社会主义道路的内在关系，需要坚持科学态度，全面辩证地看待中华优秀传统文化对中国道路的选择、创

---

① 沈宗骞:《芥舟学画编》，人民美术出版社 1959 年版。

生及拓展的作用，反对历史虚无主义、文化复古主义。

中华优秀传统文化对增强“道路自信”具有重要的滋养支撑作用，这种作用具体表现在：知行合一、实事求是的思想方式，滋养了党的解放思想、实事求是的思想路线，为中国道路的选择和拓展提供了丰厚的思想资源；以民为本、本固邦宁的政治价值，滋养了中国道路以人民为中心的价值原则，使中国道路赢得了全国各族人民的高度认同和衷心拥护；革故鼎新、锐意变革的创新精神为中国道路在全面深化改革中取得一个又一个辉煌成就注入了强大动力；大同世界、小康社会的社会理想穿过历史的时空为“两个一百年”的奋斗目标提供了理想的基因；自强不息、厚德载物的民族精神为中华民族伟大复兴中国梦的实现提供了强大精神支撑。中国特色社会主义道路是一条“中国式现代化道路”，是一种新型人类文明形态的全新创造，它具体体现为物质文明、精神文明、政治文明、社会文明、生态文明五个方面的创造，中华优秀传统文化对中国式现代化道路所创造的人类文明新形态的滋养和支撑具有整体性的意义，传统的义利观、修养论、中庸之道、和谐理念、天人合一等理念价值为人类文明新形态的创造提供了“文明基因”和精神动力。以上几个方面足以说明，中华优秀传统文化以其丰富厚重的文化资源为中国道路的选择、发展、创造、成功提供了文化的滋养、精神上的支撑，正是这种厚重而强大的滋养和支撑，坚定了我们的道路自信，也增强了我们的道路自信。

二、为中国特色社会主义理论提供文化基因，有助于增强“理论自信”

理论自信是指对中国特色社会主义理论体系的自信，在新时代，主要是对习近平新时代中国特色社会主义思想的自信，因为这一理论成果是马克思主义基本原理同中国具体实际相结合、同中华优秀传统文化相结合的产物，是科学的理论，是改变中国、影响世界的正确理论。

理论自信源于中国特色社会主义理论体系自身的品质即科学性、真理性、人民性、实践性及开放的与时俱进性，我们对这一理论自信是因为这一理论不仅揭示了人类社会发展的规律、社会主义发展规律，而且揭示了中国社会发展的规律、中国共产党执政的规律，它是科学的、真理性的理论；我们对这一理论自信是因为这一理论是以人民为中心的理论、是人民在改革开放的伟大实践中不断创造、发展并取得成功的理论，是正确而有效的理论；我们对这一理论自信是因为这一理论是开放的与时俱进的理论，它坚持用马克思主义观察时代、解读时代、引领时代，用鲜活丰富的当代中国实践来推动中国特色社会主义的发展，用宽广的视野吸收人类所创造的一切优秀文明成果特别是五千多年来中华文明的优秀成果，在开放中博采众长、不断丰富完善自己，从而使中国特色社会主义理论体系充满生命力。

中国特色社会主义理论体系同中华优秀传统文化的结合具有必要性。中国特色社会主义理论体系是马克思主义中国化时代化的重要理论成果。习近平总书记在庆祝中国共产党成立 100 周年大会上指出，必须继续推进马克思主义中国化，“坚持把马克思主义基本原理同中国具体实际相结合、同中华优秀传统文化相结合”。[①] 中国共产党第十九届中央委员会第六次全体会议通过的《中共中央关于党的百年奋斗重大成就和历史经验的决议》明确提出了“两个结合”，并且突出强调马克思主义基本原理同中华优秀传统文化相结合是不断推进马克思主义中国化的历史经验、规律性认识，是中国共产党推动中华民族伟大复兴事业、中国特色社会主义伟大事业不断胜利和成功的密码。离开了中华优秀传统文化，马克思主义在中国就不会生根发芽结果，就不会走入中国百姓心里，中国马克思主义就不会拥有巨大的影响力、感召力、生命力，中国特色社会主义理论就会失去其思想来源、理论特性而成为空洞、虚无、无根的理论，就会失去其内在的理论品质，从而丧失其生命力。

中国特色社会主义理论体系同中华优秀传统文化之间的结合具有可能性。这种可能性在于，中国特色社会主义理论体系与中华优秀传统文化存在着内在的一致性，这种一致性主要体现在经济建设思想、政治建设思想、文化建设思想、社会建设思想、生态文明建设思想、外交思想、党的建设思想等各个方面，可以说二者的一致性不是局部性的，而是具有整体性意义。正是这种内在的一致性，我们可以将中华优秀传统文化与中国特色社会主义理论体系之间的关系视作一种内生性关系即生成与升华的关系，中国特色社会主义理论的生成根基是中

① 《习近平谈治国理政》第四卷，外文出版社 2022 年版，第 10 页。

华优秀传统文化，中华优秀传统文化在马克思主义理论指导下、通过创造性转化与创新性发展，在当代升华为中国特色社会主义理论体系、升华为习近平新时代中国特色社会主义思想。

中国特色社会主义理论体系同中华优秀传统文化的结合具有现实性。改革开放 40 多年来，中国特色社会主义理论体系以实践为基础、以问题为导向，在继承与创新性发展中不断推进这二者的结合，从邓小平理论倡导的实践标准、实事求是的思想路线、人民标准、改革开放思想到小康社会奋斗目标等，是二者结合所取得的丰硕理论成果。“三个代表”重要思想、科学发展观所倡导的以人为本、执政为民、求真务实、社会主义荣辱观、构建和谐社会等在一定意义上体现了二者的结合。进入新时代，习近平总书记明确提出了“两个结合”，强调“马克思主义基本原理同中华优秀传统文化相结合”对于推进马克思主义中国化时代化的重要意义，并且将这一结合提升到了推进马克思主义中国化规律的高度，提升到了事关马克思主义有没有生命力、说服力的高度，提升到了马克思主义能否在实践中发挥作用的高度，从根本上来讲，提升到了“马克思主义行不行”的高度。站在这种高度，习近平新时代中国特色社会主义思想将马克思主义基本原理同中华优秀传统文化的结合推进到了一个新境界，无论是思想内容还是思维方式，无论是治党治军治国还是全球治理，无论是“五位一体”“四个全面”还是人类命运共同体，无论是“两个维护”还是“两个确立”，无论是中华文明还是“人类文明新形态”，等等，无不蕴含着中华优秀传统文化的精髓和精神，体现着对中华优秀传统文化的忠实继承和弘扬，成为新时代马克思主义基本原理同中华优秀传统文化相结合的典范。

中国特色社会主义理论体系同中华优秀传统文化相结合的必要性、可能性、现实性表明，中国特色社会主义理论体系需要同中华优秀传统文化相结合，而且能够实现二者的结合，中华优秀传统文化所倡导的哲学理念、辩证思维、价值追求、道德规范、政治智慧等文化资源不仅是中国特色社会主义思想体系的理论来源，而且有些思想经过创造性转化和创新性发展成为中国特色社会主义理论体系、习近平新时代中国特色社会主义思想的重要理论内容，并且赋予其“中国特色”的文化品格，如天人合一、民胞物与的宇宙观，刚健有为、自强不息的人生观，和而不同、贵和尚中的文化观，诚实守信、厚德载物的道德观，协和万邦、天下大同的世界观，等等。这表明，中华优秀传统文化是丰富和发展中国特色社会主义理论体系的重要思想资源，中华优秀传统文化在马克思主义理论的指导下，通过创造性转化和创造性发展，一定会为中国特色社会主义理论体系、习近平新时代中国特色社会主义思想的完善和发展注入强大的生命力，不断增强理论的科学性、真理性、人民性、实践性及与时俱进的开放性，使其展现出真理的力量、改造世界的力量。正是在这个意义上，我们说，中华优秀文化资源有助于坚定“理论自信”，而且有助于增强“理论自信”。

三、为充分发挥制度优势、提升治理效能提供深厚历史底蕴，有助于增强“制度自信”

中国特色社会主义制度是党和人民在长期实践探索中形成的科学制

度体系，我国国家治理一切工作和活动都依照中国特色社会主义制度展开，我国国家治理体系和治理能力是中国特色社会主义制度及其执行能力的体现。中国特色社会主义制度和国家治理体系具有多方面的显著优势，这些显著的优势是我们坚定“制度自信”的基本依据。不断发挥制度优势，提升治理效能，是增强“制度自信”的基本途径。

习近平总书记指出，“一个国家选择什么样的国家制度和国家治理体系，是由这个国家的历史文化、社会性质、经济发展水平决定的。中国特色社会主义制度和国家治理体系不是从天上掉下来的，而是在中国的社会土壤中生长起来的，是经过革命、建设、改革长期实践形成的，是马克思主义基本原理同中国具体实际相结合的产物，是理论创新、实践创新、制度创新相统一的成果，凝聚着党和人民的智慧，具有深刻的历史逻辑、理论逻辑、实践逻辑”；①“中国特色社会主义制度和国家治理体系是以马克思主义为指导、植根中国大地、具有深厚中华文化根基、深得人民拥护的制度和治理体系，是党和人民长期奋斗、接力探索、历尽千辛万苦、付出巨大代价取得的根本成就，我们必须倍加珍惜，毫不动摇坚持、与时俱进发展”。② 习近平总书记的重要论述，不仅揭示了中国特色社会主义制度和国家治理体系形成发展的内在逻辑，而且揭示了中华优秀传统文化在中国特色社会主义制度和国家治理体系当中的根基性的地位和作用，为我们正确认识中国特色社会主义制度和国家治理体系同中华优秀传统文化的关系指明了

① 《习近平谈治国理政》第三卷，外文出版社 2020 年版，第 119 页。
② 《习近平谈治国理政》第三卷，外文出版社 2020 年版，第 121 页。

方向。

中华优秀传统文化同中国特色社会主义制度和国家治理体系之间是根基性、发展性的关系，是滋养性与创生性的关系，是继承和超越的关系。中华优秀传统文化是我们构建国家制度和国家治理体系的历史依据、深厚历史根基，正是在这种厚重历史依据、根基的基础上，我们的国家制度与国家治理体系的发展和完善获得了来自历史的深厚文化基础和精神力量的支撑，赢得了中国人民的高度认同；中华优秀传统文化为中国特色社会主义制度和国家治理体系提供了丰厚的文化滋养，它不仅为我们的国家制度的建构、发展和完善提供了可供借鉴的文化资源，也为我们国家治国理政水平的提升提供了丰富的政治智慧。正是在中华优秀传统文化的滋养下，中国共产党团结带领中国人民经过艰辛探索，将马克思主义基本原理同中国实际相结合、同中华优秀传统文化相结合，不断推进制度创新，形成了我们今天具有显著优势的国家制度和国家治理体系；中国特色社会主义制度和国家治理体系继承了中华优秀传统文化中的精华、继承了中华优秀制度文化、继承了中华优秀治国理政智慧，正是这种历史继承性，才使中国特色社会主义制度和国家治理体系具有显著的中国风格、中国气派、中国特色。但是这种继承不是简单的复古主义，而是具有革命性的继承，中国特色社会主义是一场深刻社会变革，这种革命性也体现在制度层面，中国特色社会主义制度和国家治理体系不同于中国历史上任何一种制度、任何一种治理体系，是一种中国历史上乃至人类历史上从未有过的全新的制度和治理体系，它继承了中华优秀制度文化和优秀的治国理政智慧，并且在新的历史时期升华了这种制度和智慧，将这种制度和智慧升华到了“现代制度”的层面、升华到了“社会主义制度”的层面、升华到了“中国共产党的领导”的层面，升华到了“治理体系和治理能力现代化”的层面，正是这种升华，保证了我们今天的制度和治理体系能够始终代表最广大人民的根本利益，保证人民当家作主，体现人民的共同意志，从而使我国的国家制度和治理体系能够有效运行、充满活力，具有显著优势。

中华优秀传统文化与中国特色社会主义制度和国家治理体系之间的内在一致性关系，表明了中华优秀传统文化对增强“制度自信”具有十分重要的意义。习近平总书记在《坚持和完善中国特色社会主义制度推进国家治理体系和治理能力现代化》一文中指出，我们坚定中国特色社会主义制度自信的一个很重要的原因，就是中国特色社会主义制度和国家治理体系具有深厚的历史底蕴，这种丰厚的历史底蕴是指中华优秀传统文化中“关于国家制度和国家治理的丰富思想”。关于中华优秀国家制度和优秀治理思想的具体内容，习近平总书记指出，“包括大道之行、天下为公的大同理想，六合同风、四海一家的大一统传统，德主刑辅、以德化人的德治主张，民贵君轻、政在养民的民本思想，等贵贱均贫富、损有余补不足的平等观念，法不阿贵、绳不挠曲的正义追求，孝悌忠信、礼义廉耻的道德操守，任人唯贤、选贤与能的用人标准，周邦虽旧、其命维新的改革精神，亲仁善邻、协和万邦的外交之道，以和为贵、好战必亡的和平理念，等等。这些思想中的精华是中华优秀传统文化的重要组成部分，也是中华民族精神的重要内容”。[1] 这些“精华性”思想理念、价值追求、道德规范与中国特色社会主义制度和国家治理体系之间具有融通性，正是这种具有融通性的思想文化为中国特色社会主义制度多方面显著优势的形成提供了文化资源和精神支撑，是我们增强“制度自信”的底气所在。

需要指出的是国家治理体系和治理能力是一个国家制度和执行能力的集中体现，国家治理是支持和贯彻国家制度的自觉活动。好的制度如果没有有效的治理做支撑，制度的优势就很难体现。因此为了充分发挥中国特色社会主义制度的优越性，就必须从各个方面推进国家治理体系和治理能力的现代化，依靠国家治理体系和治理能力的现代化保证制度优势的彰显。制度和治理之间的这种内容和形式、目的和途径之间的关系，表明国家治理效能的提升，是制度优势的实现机制，因此，我们在把握中华优秀传统文化对于增强“制度自信”的重要意义时，需要尤其关注中华优秀治国理政的智慧对于今天的国家治理的重要价值，在这方面，习近平总书记的治国理政思想作出了突出贡献。

四、为中国特色社会主义文化繁荣发展提供根基和底气，有助于增强“文化自信”

文化自信是一个民族对自己文化的自觉和自豪，是一个民族、一个国家强大的表现。在“四个自信”语境中，文化自信是指我们对中国特色社会主义的文化自信。关于文化自信，习近平总书记在各种场

---

① 习近平:《坚持和完善中国特色社会主义制度推进国家治理体系和治理能力现代化》,《求是》2020 年第 1 期。

合做了一系列重要论述：“文化自信是一个国家、一个民族发展中更基本、更深沉、更持久的力量”[①]，“是更基础、更广泛、更深厚的自信”[②]，“坚定文化自信，是事关国运兴衰、事关文化安全、事关民族精神独立性的大问题”[③]；“中国有坚定的道路自信、理论自信、制度自信，其本质是建立在5000多年文明传承基础上的文化自信”[④]，“我们说要坚定中国特色社会主义道路自信、理论自信、制度自信，说到底是要坚定文化自信”[⑤]；“中国特色社会主义文化，源自于中华民族五千多年文明历史所孕育的中华优秀传统文化，熔铸于党领导人民在革命、建设、改革中创造的革命文化和社会主义先进文化，植根于中国特色社会主义伟大实践”[⑥]。习近平总书记的重要论述为我们正确认识文化自信的意义价值、内涵内容等提供了根本遵循。

一个民族、一个国家的文化是一个有机整体，既有传统文化也有当代文化。文化自信既包括对传统文化的自信，也包括对当代文化的自信，因此，中国特色社会主义的文化自信是一个包括中华优秀传统文化、革命文化和社会主义先进文化在内的自信。中华优秀传统文化是中华民族的“根”和“魂”、是中华民族的精神家园和文化基因，是中华民族生存发展的精神动力，是我们国家发展的最深厚软实力，更是我们坚持“文化自信”的根基和底气；革命文化凝聚了中华民族的

---

① 《习近平谈治国理政》第三卷，外文出版社2020年版，第18页。
② 《习近平谈治国理政》第二卷，外文出版社2017年版，第36页。
③ 《习近平谈治国理政》第二卷，外文出版社2017年版，第349页。
④ 《习近平谈治国理政》第四卷，外文出版社2022年版，第312页。
⑤ 《习近平谈治国理政》第二卷，外文出版社2017年版，第339页。
⑥ 《习近平谈治国理政》第三卷，外文出版社2020年版，第32页。

智慧和精神，是中华优秀传统文化在新的历史时期的延伸和再创造；社会主义先进文化是在中华优秀传统文化、革命文化基础上的继承和创造性发展。文化自信的主体是中国共产党和中华民族，文化自信，"信"的是中华优秀传统文化内涵的哲学思想、人文精神、价值理念、传统美德，"信"的是革命文化中的革命精神和坚定的理想信念，"信"的是把国家、社会、个人的存在发展意义提升到当代"先进性"高度的社会主义先进文化。我们必须明确的是文化自信的使命是推进社会主义文化繁荣、建设社会主义文化强国，创造中华文化新辉煌。

关于中华优秀传统文化在增强"文化自信"中的重要意义，习近平总书记进行过一系列重要论述："中华优秀传统文化是中华民族的文化根脉，其蕴含的思想观念、人文精神、道德规范，不仅是我们中国人思想和精神的内核，对解决人类问题也有重要价值。要把优秀传统文化的精神标识提炼出来、展示出来，把优秀传统文化中具有当代价值、世界意义的文化精髓提炼出来，展示出来。"①"中华优秀传统文化的丰富哲学思想、人文精神、教化思想、道德理念等，可以为人们认识和改造世界提供有益启迪，可以为治国理政提供有益启示，也可以为道德建设提供有益启发。对传统文化中适合于调理社会关系和鼓励人们向上向善的内容，我们要结合时代条件加以继承和发扬，赋予其新的涵义。"②党的十八大以来，习近平总书记将中华优秀传统文化重要性的

① 《习近平谈治国理政》第三卷，外文出版社 2020 年版，第 314 页。

② 习近平：《在纪念孔子诞辰 2565 周年国际学术研讨会暨国际儒学联合会第五届会员大会开幕会上的讲话》，人民出版社 2014 年版，第 6 页。

认识提升到了一个新的高度：中华民族的“根”和“魂”、文化基因、精神命脉、精神家园、突出优势，为中华民族生生不息、发展壮大提供了丰厚滋养和精神动力；为人们认识世界和改造世界提供了有益启迪，对人们树立正确的世界观、人生观、价值观具有重要益处，为人们安身立命提供了重要启发；是涵养社会主义核心价值观的重要源泉；为社会主义道德建设提供道德资源，为提高人们的道德水平、道德境界提供重要启示；为文艺创作提供中华审美风范和中华审美精神；为构建中国哲学社会科学提供知识智慧和理性思辨；是国家最深厚的软实力；为推进人类文明交流互鉴提供重要思想资源；为人类所面临的难题的解决提供重要启示，可以与世界各国文明一道造福人类，为人类提供正确的精神指引；等等。习近平总书记关于中华优秀传统文化的重要论述，为我们正确认识中华优秀传统文化对于增强“文化自信”的作用与价值提供了指导思想。

中华优秀传统文化是增强“文化自信”的基石。其一，中华优秀传统文化博大精深、源远流长、从未中断，这种历史的连续性塑造了中华民族独特的精神世界，为中华民族生存发展、不断壮大提供了强大的精神动力。其二，中华优秀传统文化开放兼容的特性，使其在不断变革创造中历久弥新，充满活力。其三，中华优秀传统文化不仅具有历史价值，而且具有当代价值；不仅具有民族性的价值，而且具有人类性的价值。因此，我们对塑造中华民族充满活力、具有跨越时空超越国度、具有永恒魅力的中华优秀传统文化充满自信，它对我们坚定“文化自信”具有基础性的意义。

中华优秀传统文化为增强“文化自信”提供深厚基础。党的十九大报告中提出了“坚定文化自信，推动社会主义文化繁荣兴盛”的基本方略，回答了如何增强“文化自信”的问题：牢牢掌握意识形态工作领导权，培育和践行社会主义核心价值观，加强思想道德建设，繁荣发展社会主义文艺，推动文化事业和文化产业发展，提高国家文化软实力。中华优秀传统文化对于这些方略的实施都具有重要的作用：建设具有强大凝聚力和引领力的社会主义意识形态，必须推进马克思主义中国化，必须坚持把马克思主义基本原理同中华优秀传统文化相结合；培育和践行具有生命力和影响力的社会主义核心价值观必须立足于中华优秀传统文化，中华优秀传统文化是涵养科学社会主义价值观的重要源泉；广大党员干部和人民群众思想觉悟和道德水平的提高需要利用好中华优秀传统道德资源；繁荣文艺创作，需要挖掘中华优秀传统文化的思想观念、人文精神、道德规范，把艺术创造力和中华文化价值相融合，把中华美学精神和当代审美追求结合起来，激活中华文化生命力，让中华优秀传统文化成为文艺创新的重要源泉；发展文化事业和文化产业，需要植根于中华优秀传统文化、体现中华民族的精神追求，将中华优秀传统文化更好地融入生产生活，为人民提供丰富的精神食粮。

中华优秀传统文化成为增强“文化自信”基础的实现路径是，坚持马克思主义的根本指导思想，把握社会主义先进文化发展方向，坚持以人民为中心的原则，坚持与现代文化相协调，与当代社会相适应，坚持继承与创新性发展相统一，坚持文明交流互鉴，按照时代发展的要求，不断推动中华优秀传统文化创造性转化、创新性发展，只有这样，中华优秀传统文化才能充满生命力，从而充分发挥其增强“文化自信”的价值意义。

第九讲

铸牢中华民族共同体意识与马克思主义的中国化时代化

李道湘

铸牢中华民族共同体意识是党的十八大以来习近平总书记提出的重大原创性论断，是习近平新时代中国特色社会主义思想的重要组成部分，是马克思主义与中国具体实际相结合、与中华优秀传统文化相结合的重大理论成果，是马克思主义中国化时代化的重要体现，不仅是民族工作的主线，而且对于凝聚全体中华儿女为实现中华民族伟大复兴的中国梦都具有重要的现实意义。

一、中华民族共同体意识是习近平新时代中国特色社会主义思想的重要组成部分

中华民族共同体意识是国家统一之基、民族团结之本、精神力量之魂，它作为习近平新时代中国特色社会主义的重要组成部分，不仅体现了马克思主义与中国具体实际相结合的实践品格，而且体现了马克思主义与中华优秀传统文化相结合的理论特色。

1. 习近平新时代中国特色社会主义思想是当代中国马克思主义

马克思主义深刻揭示了人类社会发展规律，是认识世界、改造世界的科学真理。马克思主义自产生起就不断随着社会的发展而发展，作为先进的科学世界观、方法论和价值观，其生命力在于与各国具体实际相结合，并为人民群众所掌握。

中国共产党把马克思主义确立为自己的指导思想，不断推进马克思主义中国化时代化，同时吸收人类创造的一切优秀文明成果来丰富自己和武装自己，用马克思主义中国化的科学理论引领伟大实践，取得了一个又一个胜利，从而使马克思主义以崭新形象展现在世界上。中国以自己的成功和发展使世界范围内社会主义和资本主义两种意识形态、两种社会制度的历史演进及其较量发生了有利于社会主义的重大转变，以事实回答了历史课题、现实课题，展望了未来世界发展的前景。

习近平新时代中国特色社会主义思想实现了马克思主义新飞跃。

百年历史证明，中国共产党始终坚持把马克思主义基本原理与中国具体实际、与中华优秀传统文化相结合，不断推进马克思主义中国化时代化，不断开辟马克思主义新境界，创立了毛泽东思想、邓小平理论，形成了“三个代表”重要思想、科学发展观，创立了习近平新时代中国特色社会主义思想，为党和人民事业发展提供了科学理论指导，实现了党的指导思想的与时俱进。党的十九届六中全会审议通过的《中共中央关于党的百年奋斗重大成就和历史经验的决议》特别强调指出，毛泽东思想的创立是马克思主义中国化的第一次历史性飞跃；

中国特色社会主义理论体系的形成实现了马克思主义中国化新的飞跃；习近平新时代中国特色社会主义思想的创立实现了马克思主义中国化新的飞跃。至此，马克思主义中国化实现了三次理论飞跃。

2. 习近平新时代中国特色社会主义思想体现了马克思主义与中国具体实际相结合、与中华优秀传统文化相结合

习近平新时代中国特色社会主义思想是当代中国马克思主义、二十一世纪马克思主义，是中华文化和中国精神的时代精华，实现了马克思主义中国化新的飞跃。

新时代我们党取得的重大理论创新成果，集中体现为习近平新时代中国特色社会主义思想。从“一个结合”发展为“两个结合”，充分说明了我们党对中华优秀传统文化的认识上升到新高度、进入了新境界。《中共中央关于党的百年奋斗重大成就和历史经验的决议》和党的二十大报告对此作了深刻而精辟的论述。

毫无疑问，坚持和发展马克思主义，必须同中国具体实际相结合。我们坚持以马克思主义为指导，就是要运用其科学的世界观和方法论解决中国的问题，而不是要背诵和重复其具体结论和词句，更不能把马克思主义当作一成不变的教条。我们必须坚持解放思想、实事求是、与时俱进、求真务实，一切从实际出发，着眼解决新时代改革开放和社会主义现代化建设的实际问题，不断回答中国之问、世界之问、人民之问、时代之问，作出符合中国实际和时代要求的正确回答，得出符合客观规律的科学认识，形成与时俱进的理论成果，更好地指导中国实践。

坚持和发展马克思主义，必须同中华优秀传统文化相结合。只有植根本国、本民族历史文化沃土，马克思主义真理之树才能根深叶茂。中华优秀传统文化源远流长、博大精深，是中华文明的智慧结晶，其中蕴含的天下为公、民为邦本、为政以德、革故鼎新、任人唯贤、天人合一、自强不息、厚德载物、讲信修睦、亲仁善邻等理念，是中国人民在长期生产生活中积累的宇宙观、天下观、社会观、道德观的重要概括，同科学社会主义价值观主张具有高度的契合性。我们必须坚定历史自信、文化自信，坚持古为今用、推陈出新，把马克思主义思想精髓同中华优秀传统文化精华贯通起来、同人民群众日用而不觉的共同价值观念融通起来，不断赋予科学理论鲜明的中国特色，不断夯实马克思主义中国化时代化的历史基础和群众基础，让马克思主义在中国牢牢扎根。只有这样，我们才能在世界文化激荡中站稳脚跟。

3. 铸牢中华民族共同体意识是习近平总书记重大原创性论断，是习近平新时代中国特色社会主义思想的重要组成部分

马克思主义中国化时代化就是要正确回答时代和实践提出的重大问题。面对国内外形势新变化和实践新要求，迫切需要我们从理论和实践的结合上深入回答关系党和国家事业发展、党治国理政的一系列重大时代课题。我们要深刻领会习近平总书记提出铸牢中华民族共同体意识这一重大原创性论断是对马克思主义民族理论基本原理的科学运用，是对中国民族工作实践的深刻总结，是中华优秀传统文化中大一统理念的充分体现。

2014 年 9 月，习近平总书记在中央民族工作会议上提出，加强中

华民族大团结，长远和根本的是增强文化认同，建设各民族共有精神家园，积极培养中华民族共同体意识。

2017 年 10 月，中共十九大报告中指出，铸牢中华民族共同体意识，加强各民族交往交流交融，促进各民族像石榴籽一样紧紧抱在一起，共同团结奋斗、共同繁荣发展。

2019 年 9 月，习近平总书记在出席全国民族团结进步表彰大会的讲话中指出，实现中华民族伟大复兴的中国梦，就要以铸牢中华民族共同体意识为主线，把民族团结进步事业作为基础性事业抓紧抓好。

2020 年 5 月，习近平总书记在山西考察时强调，要挖掘云冈石窟蕴含的各民族交往交流交融的历史内涵，增强中华民族共同体意识。

2020 年 8 月，习近平总书记在第七次西藏工作座谈会上指出，西藏工作必须坚持以维护祖国统一、加强民族团结为着眼点和着力点，铸牢中华民族共同体意识，并将之纳入国民教育、干部教育和社会教育全过程，引导各族群众深刻认识中华民族命运共同体、利益共同体、责任共同体。

2020 年 9 月，习近平总书记在第三次新疆工作座谈会上指出，要以铸牢中华民族共同体意识为主线，不断巩固各民族大团结。同时要求开展对中华民族共同体历史、中华民族多元一体格局的研究，教育引导各族干部群众树立正确的国家观、历史观、民族观、文化观、宗教观，让中华民族共同体意识根植心灵深处。要促进各民族广泛交往、全面交流、深度交融。

2022 年 10 月，党的二十大报告中指出，以铸牢中华民族共同体意识为主线，坚定不移走中国特色解决民族问题的正确道路，坚持和完善民族区域自治制度，加强和改进党的民族工作，全面推进民族团结进步事业。

仔细梳理中华民族共同体意识提出的过程，有几点值得关注：第一，铸牢中华民族共同体意识既要“积极培育”又要“铸牢”；第二，要以铸牢中华民族共同体意识为主线，促进各民族大团结；第三，铸牢中华民族共同体意识的重要途径是促进各民族的交流交往交融；第四，要把铸牢中华民族共同体意识教育纳入国民教育、干部教育和社会教育全过程；第五，要让中华民族共同体意识根植心灵深处。理解和领悟铸牢中华民族共同体意识要紧扣其中的要义。总之，铸牢中华民族共同体意识的提出，体现了新时代我们党取得的重大理论创新成果，体现了马克思主义不断创新发展，体现了马克思主义中国化时代化不断推进，是习近平新时代中国特色社会主义思想的重要组成部分。

二、中华民族共同体意识的基本内涵及其意义

党的十八大以来，学术界和思想界关于中华民族共同体研究成果丰厚。如果从心理学理论出发，中华民族共同体意识可以看作一种中国各族人民在体认共同生活基础上的认知、信念、意愿、情感和记忆的集体归属心理。如果从身份认同意义上看，我们认为可以将中华民族共同体意识视为一种在历史实践中所形成的集体身份认同，它包括国情家底、历史主流、政治法治、团结合作、共同发展、共建共享等多个层面的共识。如果从文化认同观出发，我们认为中华民族共同体意

识是中国56个民族（包含港、澳、台等同胞）对中华民族共同体这一客观实体的认同。具体说来，中华民族共同体意识作为一种认同意识，是中华民族在几千年来的互动交往的实践基础上所形成的对一体多元的中华民族共同体这一客观实体的能动反映，既包括认知归属、情感依附与行为取向三个维度，也包含身份认同意识、文化认同意识以及国家认同意识三个层面。

从历史上看，中华民族意识并不是自古以来就有的，而是有一个从自在民族到自觉民族形成发展的过程。作为一个自觉的民族实体，是在近百年来中国和西方列强对抗中出现的，但作为一个自在的民族实体则是在几千年的历史过程中所形成的。很显然，中华民族共同体意识也有一个从自在到自为的过程，在这个过程中中华民族共同体不断得到建构，中华民族共同体意识不断丰富和强化。

要想全面准确把握中华民族共同体意识的深刻内涵，必须深入学习认真领会习近平总书记关于中华民族共同体意识的重要论述。

习近平总书记在全国民族团结进步表彰大会上发表重要讲话，他指出中华民族多元一体是先人们留给我们的丰厚遗产，也是我国发展的巨大优势。因为我们辽阔的疆域是各民族共同开拓的，我们悠久的历史是各民族共同书写的，我们灿烂的文化是各民族共同创造的，我们伟大的精神是各民族共同培育的。这给我们深入理解铸牢中华民族共同体意识提供了思想指引。首先，这里强调了多元一体的中华民族是我们的优势，它是国家统一、民族团结的内在动力和源泉；其次，这里用“四个共同”突出强调了中华民族共同体不是抽象的概念，而是在长期的民族交流交往交融中形成的实体；再次，中华民族共同体是各民族主动和自觉建构的；最后，中华民族共同精神家园是各民族共同安顿下来的。从这个意义说，一部中国史，就是一部各民族交融汇聚成多元一体中华民族的历史，就是各民族共同缔造、发展、巩固统一的伟大祖国的历史。各民族之所以团结融合，多元之所以聚为一体，源自各民族文化上的兼收并蓄、经济上的相互依存、情感上的相互亲近，源自中华民族追求团结统一的内生动力。

综而述之，所谓中华民族共同体意识，是指中华各民族在不断交往交流交融的历史进程中，在共同开拓疆域、共同创造历史、共同创造文化、共同培育民族精神的实践中结成命运共同体，在命运抗争中升华为政治上团结统一、文化上兼容并蓄、经济上相互依存、情感上相互亲近的命运共同体意识。基于此，这个命运共同体就是你中有我、我中有你，谁也离不开谁的命运共同体，是一个共同创造历史和文化并不断建构历史文化认同的命运共同体，是一个不断建构国家统一、民族团结的命运共同体。

今天，我们强调铸牢中华民族共同体意识，就是因为我们面临着国内外复杂的形势。首先，铸牢中华民族共同体意识是应对百年未有之大变局的需要。面对日益激烈的国际竞争，特别是以美国为首的西方国家的不断打压，我们需要凝聚全体中华儿女的力量，坚决维护国家主权、安全和发展利益，坚定自信，保持定力，按照自己的节奏推动我国的政治、经济、文化、社会的发展步伐。其次，铸牢中华民族共同体意识是提高国际话语权和提升国家软实力的需要。铸牢中华民族共同体意识强调的就是各民族之间的平等和团结，实现各民族之间的和睦相处，建立各民族之间的和谐关系，消除各民族间的歧视和不平等。这与世界一些国家和地区存在的种族歧视，特别是美国存在的系统性历史性种族歧视而引发的社会冲突和动荡形成鲜明的对比，从而大大提升了中国的话语权和软实力。最后，要以铸牢中华民族共同体意识为主线，做好民族团结工作。新时期我国面临着新的民族问题，民族工作面临着新的挑战。铸牢中华民族共同体意识，就是促使各民族像石榴籽一样紧紧抱在一起，共同团结奋斗、共同繁荣发展。

通过铸牢中华民族共同体意识，厚植共同的政治基础和思想基础，从而提升国家的凝聚力和向心力，使全国各族人民团结一致，为实现中华民族伟大复兴的中国梦而共同奋斗。

三、铸牢中华民族共同体意识植根于中华民族对“共同体”的认同

一般认为，所谓中华民族共同体意识，是指中国各民族在不断交往交流交融的历史进程中，在历史、心理、社会、制度、政治、文化等层面取得一致性或共识性的集体身份认同。这种集体身份的认同是各民族自我认同的升华，是铸牢中华民族共同体意识的思想根基。

1. 在各民族交往交流交融中铸牢中华民族对“共同体”的认同

习近平总书记明确指出，一部中国史，就是一部各民族交融汇聚成多元一体中华民族的历史，就是各民族共同缔造、发展、巩固统一的伟大祖国的历史。中华民族这一概念虽是 100 多年前首次提出，但作

为各民族交往交流交融的政治文化共同体，中华民族早已经历数千年的发展过程。

中华民族栖息生活在北半球的东亚大陆，太平洋西岸。中国的领域广大，腹地纵深，是中华民族繁衍生息的地方。从夏朝开始至清朝的历史版图的演变见证了中国发展壮大的整个过程。复杂的地理环境虽然造成了辽阔的中国地域中曾经有诸多国家的存在，但在历史的演变中无数存在的国家并没有最终分裂为一个一个小国，而是最终形成一个统一的大国。其背后一定有一种力量在起作用，这就是中华民族“共同体”意识的凝聚作用。

在中国历史上民族大融合从未中断，在这个漫长的历史过程中，先秦时期是中华民族形成的雏形时期。秦汉时期是汉民族形成的标志性时期。隋唐时期是民族大交流大融合时期。明清时期是中华民族作为一个民族而立于世界民族之林的时期。中华民族“共同体”的认同经历了一个从自在民族到自觉民族的过程。中华民族的形成见证着多民族在长期的发展进程中从冲突走向融合的历史，最终铸就了多元一体的中华民族格局，那么，在背后一定有一种动力在推动着民族的融合，这就是中华民族“共同体”的认同意识。

纵观整个历史进程，可以说每一次短暂的分裂局面都加速了各民族交往交流交融的历史进程，并在之后形成一个具有强大统治力的大一统王朝，而每一次王朝更迭都将中华民族这个“共同体”提升到更高的层次。每一次的提升都意味着各民族更深刻地意识到“自己”已经自觉融入这个“共同体”之中，共同开拓着辽阔疆域、共同书写着悠久历史、共同创造着灿烂文化、共同培育着伟大精神。在这种共同的实践活动中建构起“中华民族共同体意识”，在这个建构过程中“中华民族”的“共同性”不断增强，并不断实现生活方式、思维习惯、思想意识、价值观念等“共同性”的塑造，从而最终完成“中华民族”的“实体性”建构。从这个意义上说，“铸牢中华民族共同体意识”的提出是中华民族的历史主动精神和历史自觉意识在当代的体现。

2. 铸牢中华民族共同体意识的思想根基需要不断建构历史文化认同

中华民族延续至今没有消亡，中华文明传承至今不曾中断，中华民族的凝聚力如此之强，就在于中华民族对自己的历史文化的深厚认同。因此，铸牢中华民族共同体意识就必须不断建构和厚植中华历史文化的认同，从而不断夯实中华民族共同体意识的思想根基。

由“多元”到“一体”必然是一个不断建构的过程，而且是主动和自觉建构的过程。“一体”的建构就是认同的建构。中华民族从“多元”到“一体”格局的形成就是通过历史文化认同的不断建构而实现的。

北京师范大学教授瞿林东主编的多卷本著作《历史文化认同与中国统一多民族国家》，历史地考察和分析了中国会成为统一的国家和民族的最深层的原因。其中第五卷的“后记”对国家统一与历史文化认同的关系作了精辟的概括，并考察了历史文化认同的建构历程，认为“中国作为一个统一多民族国家的历史存在和现实实体，其深层的原因何在。在多种因素中，中国历史上的历史文化认同传统，当是最主要的因素。因为中国有悠久的和连续不断的历史，以及反映这个历史的连续不断而又丰富厚重的史学；同时，又有辉煌灿烂的中华文化和这个文化的巨大的凝聚力”[1]。国家统一和领土完整在中国人的思想观念中是至高无上的，是牢固而持久的，不仅是汉族而且少数民族政权都一如既往地建构中华文化的历史认同。因为历史文化认同是民族联系、融合与携手前行的纽带，是统一国家健康发展的核心凝聚力所在。

考察中国历史的发展演变，不难看出，在中国历史上，历史文化认同推动着统一多民族国家的巩固和发展，统一的多民族国家又进一步重塑着中华民族新的共同体意识。孔子提出以文化为核心的夷夏观，用以夷夏之别；司马迁撰写《五帝本纪》，他不仅把中华民族的源头追溯到黄帝，记载了中华民族人文始祖黄帝的生平以及炎黄合体、诸侯宾从的历史，开创了民族融合、安定一统的上古治世，此后全世界华人有了一个共同的名字——“炎黄子孙”。《史记》自始至终贯穿着一个重要思想就是黄帝是我们的共同祖先。

唐太宗认为“王者视四海如一家，封域之内，皆朕赤子”。他说“自古皆贵中华，贱夷、狄，朕独爱之如一”。在中国历史上第一次将少数民族和汉族同等对待。

元朝是少数民族建立的第一个统一的中央王朝。元世祖忽必烈即位后不久，立即诏告天下，以示他所统治的国家是“绍百王而纪统”[2]。意思是：他是将历朝历代先王的天下传承下来的正统王朝，现建国号

---

① 瞿林东主编：《历史文化认同与中国统一多民族国家》第五卷，河北人民出版社 2013 年版，第 359 页。

② ［明］宋濂等撰：《元史》第一册，中华书局 2016 年版，第 138 页。

曰“大元”，取《易经》中“乾元”之义。明太祖提出“华夷无间”“抚宁如一”的主张。[①] 清朝是又一个以少数民族入主中原建立的中央王朝，同样面临“华夷之辨”思想的挑战，为此清康熙祭祖诗句写道：“卜世周垂历，开基汉启疆”，[②] 表达了清朝是承继了周、汉正统地位，清雍正帝亲撰《大义觉迷录》：“自我朝入主中土，君临天下，并蒙古极边诸部落俱归版图，是中国之疆土开拓广远，乃中国臣民之大幸，何得尚有华夷中外之分论哉。”[③] 驳斥了“华夷之辨”的观点，清乾隆更是将“尊王攘夷”改为“尊王黜霸”[④]，在正统论上推尊“大一统”思想。

该著作在考察整个古代发展历史的基础上指出，近代以来外国对中国的侵略和欺侮，使得“中华民族”这一伟大民族符号、民族称谓在抗争中提出，标志着新中国 56 个民族的大团结和“中华民族一体多元格局”观念的真正形成。由此看出，民族的认同感就是在这个过程中不断强化，不同时代的中国人在历史文化认同的道路上不断走向更加自觉和更高的境界。

3. 铸牢中华民族共同体意识的思想根基需要不断强化核心精神价值的认同

中华文化精神是中华民族凝聚力形成的聚合和稳定的精神力量，是铸牢中华民族共同体意识的价值支撑。中华文化精神是千百年来中华

---

① 《明太祖实录》卷 53，洪武三年六月丁丑条，台北“中研院”史语所影印本。

② ［清］康熙：《初八日告祭昭陵恭述十二韵》，百度百科 https://baike.baidu.com/item/。

③ ［清］雍正：《大义觉迷录》，沈云龙主编：《近代中国史料丛刊》第 36 辑，台北台湾文海出版社 1966 年版。

④ 《清高宗实录》卷 291。

民族在生活和社会实践中提炼升华起来并一代一代地传承下来的一种精神力量。我们把它概括为：爱国主义、中华统一、忧患意识、自强不息、天人合一、民惟邦本、重义轻利、贵和执中、舍生取义、崇礼重德等。这些精神在中国长期的历史演变中成为各民族统一起来的思想基础，在近代中国危机重重时成为中华民族救亡图存的精神支撑，在革命和建设时期成为鼓舞人们坚定理想信念的旗帜，在中国聚散离合、兴衰存亡的历史进程中始终将中华大地上的各个民族凝聚在一起。其中爱国主义和中华一统作为政治文化居于中华文化的核心，是铸牢中华民族共同体意识最深厚、最稳固的思想根基。

爱国主义是民族精神的核心，也是中华文化的核心价值，是凝聚中华民族的旗帜。爱国主义就是对祖国的忠诚和热爱，核心是对民族和国家的生存发展、繁荣兴旺等根本利益的关心与维护。列宁曾说，爱国主义就是千百年巩固起来的对自己祖国的一种最深厚的感情。中国人的爱国情，表现为对故乡、亲人的眷恋，对祖先的崇敬。中国人的爱国情，表现为对祖国壮丽河山的依恋。中国人的爱国情，还出于对祖国历史文化和人文精神的钟爱。这种情感超越了族群、阶级、阶层、团体、党派以及各种政治力量，并将这种情感倾注在生活中且是传承下来的"共同体"上，每一个民族成员都深切体会到自己作为"共同体"成员的归属感以及"共同体"对他身份的认同。

爱国主义是一种情感、一种情怀，爱家爱乡爱国是统一的，爱家爱乡爱国是一种道德自律，爱家爱乡爱国是一种历史传统的传承，爱家爱乡爱国是个体价值的自我确认和对"共同体"公共价值的追求。毫无疑问，这种情感和情怀经过长期的积淀并不断转化为各民族的最大共识，维护国家的统一和民族的团结成为各民族最高的认同，这种共识和认同的形成又进一步增强了中华民族共同体的凝聚力，从而使中华民族共同体意识的社会基础更加稳固。

习近平总书记在纪念中国人民抗日战争暨世界反法西斯战争胜利75周年座谈会上发表的重要讲话，对于爱国主义精神作了精辟的阐释。爱国主义始终是中华民族精神的核心，是中国人民和中华民族同心同德、自强不息的精神纽带。爱国主义是激励中国人民维护民族独立和民族尊严、在历史洪流中奋勇向前的强大精神动力，是驱动中华民族这艘航船乘风破浪、奋勇前行的强劲引擎，是引领中国人民和中华民族迸发排山倒海的历史伟力、战胜前进道路上一切艰难险阻的壮丽旗帜！

爱国主义在革命年代是强大的精神力量，在和平建设的年代依然是抵御各种风险的精神力量。自新冠疫情暴发以来，全国人民服从命令听指挥，为夺取疫情胜利作出巨大牺牲，这就是深沉的爱国主义精神的最好体现。从这里我们可以深刻地认识到这样的道理，爱国主义精神是铸牢中华民族共同体意识的思想根基，中华民族共同体意识是国家统一之基、民族团结之本、精神力量之魂。

中华民族共同体的价值根基源于“中华一统”理念。孔子提出大一统思想。他说：“天下有道，则礼乐征伐自天子出，天下无道，则礼乐征伐自诸侯出。……天下有道，则政不在大夫，天下有道，则庶人不议。”[①] 孟子继承和发展了孔子的一统思想，提出了“定于一”的口号，把“大一统”思想又推进了一步。荀子十分强调统一，在《荀子》中，经常看到“四海之内若一家”[②]、“一天下，财万物”[③]、“文王载百里而天下一”[④] 的说法。由此看来，“大一统”思想在先秦时期就成为共识。真正对“大一统”思想作出系统论述的是汉代的董仲舒。他首先对“大一统”思想的意义作出解释：“臣谨案《春秋》谓一元之意，一者万物之所从始也，元者辞之所谓大也。谓一为元者，视大始而欲正本也。《春秋》深探其本，而反自贵者始。”[⑤] 把第一年当作元年，这是对开始的重视，是为了正根本。从《春秋》微言大义中得到了王道治理的方法，这就是一以贯之的大道理，即“大一统”，可以适用于宇宙、社会、自然、人生等各个领域。董仲舒在《天人三策》中提出了“大一统”的思想主张。他说：“《春秋》大一统者，天地之常经，古今之通谊也。今师异道，人异论，百家殊方，指意不同，是以上亡以持一统；法制数变，下不知所守。臣愚以为诸不在六艺之科、孔子之术者，皆绝其道，勿使并进，邪辟之说灭息，然后统纪可一而法度可明，民知所从矣。”[⑥] 在董仲舒看来，《春秋》里讲的“大一统”思想是自古以来都存在的道理。但今天各家讲各家道理，老百姓不知道应该遵守哪一

---

① 北京大学《儒藏》编纂中心编：《儒藏》精华编一二二，北京大学出版社 2011 年版，第 1253 页。
② ［清］王先谦撰：《荀子集解》，中华书局 2020 年版，第 273 页。
③ ［清］王先谦撰：《荀子集解》，中华书局 2020 年版，第 96 页。
④ ［清］王先谦撰：《荀子集解》，中华书局 2020 年版，第 108 页。
⑤ ［汉］班固撰：《汉书》，中华书局 2020 年版，第 2177 页。
⑥ ［汉］班固撰：《汉书》，中华书局 2020 年版，第 2194 页。

个。出于这个原因，有必要制定一个标准以统一思想，凡是与儒家思想观点不一致的学说都不再提倡甚或取缔，如此则可令行天下，天下的和谐统一稳定才可保证。

经过几千年的历史积淀，“中华一统”理念，已成为中华民族深层的社会心理结构，成为中华民族的政治思维定式。它不仅推动中华民族融合与发展，形成一个具有极强的向心力的整体，而且“大一统”对于中华民族的政治、经济、文化及其生活都有着深刻的影响。

习近平总书记谈到中华文明的特点时说，“中国文明从一开始就重视‘大一统’。中国人讲究修身、齐家、治国、平天下，其中国家是第一位的。历史多次证明，只要中国维持大一统的局面，国家就能够强盛、安宁、稳定，人民就会幸福安康。一旦国家混乱，就会陷入分裂。老百姓的灾难最惨重”。[①] 千百年来，中国人都秉持着这个道理。

“中华一统”理念深深植根于中华民族的文化血脉中，影响了几千年来中国人对国家命运的思考。今天，它的现实意义在于，面对百年未有之大变局，必须凝聚全体中华儿女的共识，共同致力于中华民族的伟大复兴；面对当今剧烈变动的世界，必须坚守国土不可分、国家不可乱、民族不可散、文明不可断的底线共识，这也是中华民族共同体的底线。

维护统一是中华民族的核心价值，是中华民族向心力、凝聚力的源泉。维护国家统一，反对国家分裂是中华民族天经地义的政治价值

---

① 《习奥瀛台夜话，到底聊了什么?》，《人民日报》2014 年 11 月 15 日。

取向。这种价值取向在民族矛盾冲突之际，在国破家亡的被占领时期，具有强大的凝聚作用，多少仁人志士宁愿牺牲自己的生命，也决不事异族、投二主，背叛祖国，多少民族败类因分裂国家、破坏统一而被永远钉在历史的耻辱柱上。自秦始皇统一中国以后，虽然每隔一段时间就要出现分裂和动乱，但统一是社会的主导形式，即使是在分裂状态下人们也心归统一、力争统一。只有认识了这一中华文明的特点，才能深刻了解昨天的中国，认识今天的中国，看到未来的中国。

毫无疑问，“中华一统”理念铸就了中华儿女维护国家统一、民族团结的价值取向，并转化为一种价值标准，在评价重要历史人物时，往往把是否追求和顺应“统一”还是要求“分裂”当作一个重要的尺度。“大一统”意识强化了人们认同国家统一的自觉性，成为中华文化培育统一意识、指导统一实践、完善统一秩序的显著标志。“中华一统”理念作为政治文化居于中华文化的核心，不仅决定着其民族文化的特点，更决定着其性质和走向，从这个意义上说，“中华一统”理念与爱国主义精神是中华文化最核心的价值理念，因此，铸牢中华民族共同体意识，必须筑牢这一最深厚的思想和价值的根基。

综上所述，铸牢中华民族共同体意识是习近平总书记提出的重大原创性论断，是习近平新时代中国特色社会主义思想的重要组成部分，是马克思主义在当代理论创新的重要成果，充分体现了马克思主义与中国具体实际相结合、与中华优秀传统文化相结合的实践品格和理论特色，推进了马克思主义的中国化时代化发展。

第十讲

当代中国文化复兴的光辉旗帜

杜运辉

“文化是一个国家、一个民族的灵魂。”[①]正确处理马克思主义与中国传统文化的关系，是20世纪以来中国文化发展的核心问题。习近平总书记在庆祝中国共产党成立100周年大会上的讲话、《中共中央关于党的百年奋斗重大成就和历史经验的决议》、党的二十大报告，在中国共产党史、中国思想史、国际共产主义运动史上创造性地提出“坚持把马克思主义基本原理同中国具体实际相结合、同中华优秀传统文化相结合”的重大命题，生动地体现了中华民族伟大复兴的战略全局和世界百年未有之大变局的宏阔视野，科学地总结了百年来马克思主义中国化和中国文化发展的历史经验及研究成果，擎起了当代中国文化复兴的光辉旗帜。哲学家张岱年认为，人类思想、哲学的推进发展，不是直线的，而是曲折的。其中含正、反、合，然亦非机械的三段，

① 《十九大以来重要文献选编》(上)，中央文献出版社2019年版，第29页。

亦许四段。[①] 百年来中国共产党人探索中华民族文化复兴的艰难历程，大致包括新民主主义革命时期的奠定雏形，社会主义革命和建设时期的曲折探索，改革开放和社会主义现代化建设新时期到党的十八大的重要创获，党的十八大以来的辩证综合、守正创新四个历史阶段，呈现出生活实践与思想认识交互运动的历史辩证法。

一、中华民族文化自觉的崭新境界

“两个结合”是对马克思主义文化理论的重大创新，极大地深化了对共产党执政规律、社会主义建设规律、人类社会发展规律的准确把握，凝聚着中华民族百年来文化复兴征程的深湛智慧，达到当代中国文化自觉的最新境界。

认识到只有马克思主义才能挽救中国命运，认识到只有中国化马克思主义才能挽救中国命运，是五四运动后中国思想界的两大突破。中国化时代化马克思主义是中国共产党和中国人民“坚定信仰信念、把握历史主动的根本所在”[②]，引入马克思主义并实现马克思主义中国化是中华民族走向伟大复兴之关键，是中国历史上最伟大的思想变革。

作为新文化运动、五四运动的亲历者，毛泽东同志在新中国成立前夕总结了鸦片战争以来中华民族由器物层面的“师夷之长技以制夷”到制度层面的戊戌变法、辛亥革命再到思想层面的新文化运动之艰难

① 杜运辉编：《燕赵文库・张岱年集》上册，河北人民出版社 2017 年版，第 317 页。

② 习近平：《高举中国特色社会主义伟大旗帜 为全面建设社会主义现代化国家而团结奋斗——在中国共产党第二十次全国代表大会上的报告》，人民出版社 2022 年版，第 16 页。

历程，指出中国人学习“西方的新道理”之结果是“帝国主义的侵略打破了中国人学西方的迷梦……先生老是侵略学生”，唯有把马克思列宁主义“作为观察国家命运的工具，重新考虑自己的问题”[①]才第一次找到抵御帝国主义的有力思想武器。从此，“中国人在精神上就由被动转入主动”，“复兴了并正在复兴着伟大的中国人民的文化”，[②]从思想到生活进入崭新阶段。马克思主义对西方资产阶级“迫使一切民族——如果它们不想灭亡的话——采用资产阶级的生产方式；它迫使它们在自己那里推行所谓的文明，即变成资产者。一句话，它按照自己的面貌为自己创造出一个世界”[③]的深刻批判，比梁启超《欧游心影录》等更彻底地震醒了先进的中国人，认识到中国既不能走西方式现代化的老路，亦不能从西方中心论出发来思考中国问题，“唯一的路是经过工人阶级领导的人民共和国”[④]而走向共产主义。中国人民开始对民族复兴道路进行方向性的根本调整，打破了西方资产阶级按照其狭隘利益控制中国命脉、奴化中国精神的如意算盘。

如果说中国共产党人经过长期探索、付出沉重代价才找到马克思主义与中国政治、经济等具体实际相结合的正确道路，那么马克思主义与中华优秀传统文化相结合则有着更为艰难而曲折的探索历程，需要准确地把握唯物史观、实践辩证法之精义而破除对马克思主义的教条主义解读，需要走出激烈反传统的误区而正确认识中国传统文化与民

① 《毛泽东选集》第四卷，人民出版社 1991 年版，第 1470、1471 页。
② 《毛泽东选集》第四卷，人民出版社 1991 年版，第 1516 页。
③ 《马克思恩格斯文集》第 2 卷，人民出版社 2009 年版，第 35—36 页。
④ 《毛泽东选集》第四卷，人民出版社 1991 年版，第 1471 页。

族复兴、现代化之关系，需要找到马克思主义与中华优秀传统文化的契合点与生长点。李大钊“一方面是个性解放，一方面是大同团结”[①]命题开马克思主义与中华优秀传统文化相结合之先河；郭沫若认为共产主义社会理想与孔子“大同世界竟是不谋而合”[②]；鲁迅提出既要与“世界的时代思潮合流”，又要凸显“中国的民族性”[③]，对中国旧文艺要“恰如吃用牛羊，弃去蹄毛，留其精粹，以滋养及发达新的生体”[④]；张申府1932年提出罗素、列宁、孔子“三流合一”[⑤]、1936年提出“辩证唯物本是中国真正传统的见解”[⑥]；张岱年1932年分疏“中国哲学中的辩证法”，1935年提出继承发挥“对理唯物的传统”，1936年完稿的《中国哲学大纲》在“理学”“心学”之外创造性地揭示出“气论”思潮，提出“将来的中国新哲学，固然必是西洋哲学影响下的产物，而亦当是中国旧哲学之一种发展”[⑦]。这些成果从不同维度推进了马克思主义与中华优秀传统文化之会通。关键转折点发生于融马克思主义与中国政治、经济、军事等基本国情及中国传统哲学为一体的《实践论》《矛盾论》，按照“两论”的具体实践辩证法：中国传统文化是中华民族生活实践之创造，其真理性与价值性只能由中国人民的生活实践来判定，而且必将随着生活实践之变化而变化；中国传统文化是一个内

---

① 《李大钊全集》第2卷，人民出版社2006年版，第283页。
② 郭沫若：《马克斯进文庙》，《洪水》1926年第7期。
③ 《鲁迅全集》第3卷，人民文学出版社2005年版，第574页。
④ 《鲁迅全集》第6卷，人民文学出版社2005年版，第24页。
⑤ 《编余》，《大公报》1932年10月22日第8版。
⑥ 张申府：《人间闲话（三）》，《人人周报》1936年第1卷。
⑦ 杜运辉编：《燕赵文库·张岱年集》下册，河北人民出版社2017年版，第706页。

外矛盾交织的复合体，古今文化是变革性与连续性、时代性与恒久性之统一，中外文化是民族性与世界性、独创性与开放性之统一，一定时期的文化形态还包括阶级性与人民性等多种共殊关系；马克思主义、中国传统文化、西方文化之间既有差异、对立，也有一定条件下的相补互益、契合会通。《实践论》《矛盾论》奠定了研究“中国文化向何处去”、马克思主义与中华优秀传统文化相结合的理论基础。在总结中国革命经验和学界成果的基础上，我们党提出的“马克思主义必须和我国的具体特点相结合并通过一定的民族形式才能实现”① “中国共产党人是我们民族一切文化、思想、道德的最优秀传统的继承者……使得马克思列宁主义这一革命科学更进一步地和中国革命实践、中国历史、中国文化深相结合起来”② “民族的科学的大众的文化”③ 等重要论断标志着文化自觉的新境界。然而，当时国民党“新生活运动”、文化专制主义等歪曲利用传统儒学，苏联哲学界“唯物主义—唯心主义”模式及中国历史分期论争等亦制约着中国古代思想研究，我们党为了“与国民党的道德观（国民党在这方面最喜引孔子）有原则的区别”④ 而未能在儒学问题上全面、深入地贯彻实践辩证法，未能全面辨析和深入阐发儒学合乎民族复兴和现代化需要的深层义蕴，这也对此后的文化建设有着深刻影响。

在弘扬新中国成立以来“百家争鸣、百花齐放”“批判继承”“古为

① 《毛泽东选集》第二卷，人民出版社 1991 年版，第 534 页。
② 《中国共产党文件选集》第 14 卷，中共中央党校出版社 1992 年版，第 41 页。
③ 《毛泽东选集》第二卷，人民出版社 1991 年版，第 706 页。
④ 《毛泽东文集》第二卷，人民出版社 1993 年版，第 162 页。

今用，洋为中用”等正确方针和汲取文化建设曲折教训的基础上，20 世纪 80 年代后建设有中国特色社会主义具体实践重新提出“什么是社会主义文化、怎样建设社会主义文化”，马克思主义与儒学的关系成为学术研究的第一课题。张岱年 1983 年提出中国的马克思主义“要吸收和改造本国两千多年来思想和文化发展中有价值的东西”[①]，1986 年提出“与中国革命实际相结合的马克思主义”“与中国优秀传统相结合的马克思主义”[②]；冯友兰 1986 年认为“马克思主义在中国也要接上中国古典哲学，作为来源之一，才会成为中国的马克思主义”[③]。从 20 世纪 80 年代中后期开始，学界逐渐在马克思主义中国化包括马克思主义与中国革命实践相结合、与中国民族文化和传统哲学相结合等问题上达成一定共识[④]，特别是张岱年 1987 年提出的“文化综合创新论”成为马克思主义文化学派的重要旗帜。1996 年中央党校与中国孔子基金会学术

① 张岱年:《张岱年全集》第 5 卷，河北人民出版社 1996 年版，第 485 页。

② 张岱年:《张岱年全集》第 6 卷，河北人民出版社 1996 年版，第 208 页。

③ 《三松堂全集》第 13 卷，河南人民出版社 2001 年版，第 448 页。

④ 如汤一介:《略论中国文化发展前景》,《理论月刊》1987 年第 1 期；陈卫平:《论马克思主义哲学中国化与传统哲学》,《哲学研究》1987 年第 6 期；张岱年:《中国现代哲学是中国哲学史发展的新阶段》,《文史哲》1988 年第 3 期；方克立:《关于现代新儒家研究的几个问题》,《天津社会科学》1988 年第 4 期；许全兴:《马克思主义哲学中国化的历史进程》,《北京大学学报》(哲社版）1989 年第 1 期；张念丰、张秉楠、邵汉明:《马克思主义与中国民族文化》,《光明日报》1991 年 10 月 14 日；李存山:《破除对马克思主义与儒学的“夷夏之辨”》,《马克思主义与现实》1996 年第 1 期；孙利天:《朴素地追问我们自己的问题和希望》,《吉林大学社会科学学报》2005 年第 3 期；方克立:《关于马克思主义与儒学关系的三点看法》,《高校理论战线》2008 年第 11 期等论文，及方克立主编《中国哲学与辩证唯物主义》(高等教育出版社 1998 年版）、赵敦华和孙熙国主编《中西哲学的当代研究与马克思主义哲学创新》(人民出版社 2011 年版）、张允熠《中国文化与马克思主义》(人民出版社 2015 年版）、何中华《马克思与孔夫子》(中国人民大学出版社 2021 年版）等专著。

委员会联合召开的“马克思主义与儒学”学术研讨会对马克思主义与中国传统文化的关系进行了多方面的深入探索。[①]我们党不断总结中国特色社会主义建设实践经验与学界成果，1986 年《中共中央关于社会主义精神文明建设指导方针的决议》提出“创造出以马克思主义为指导的，批判继承历史传统而又充分体现时代精神，立足本国而又面向世界的”社会主义精神文明，江泽民同志 1991 年提出“有中国特色社会主义的文化”新范畴，2004 年《中共中央关于进一步繁荣发展哲学社会科学的意见》提出“坚持马克思主义的指导地位”“立足当代又继承民族文化优秀传统，立足本国又充分吸收世界文化优秀成果”，党的十七大报告提出“巩固马克思主义指导地位”“弘扬中华文化”“中华民族伟大复兴必然伴随着中华文化繁荣兴盛”，2011 年《中共中央关于深化文化体制改革、推动社会主义文化大发展大繁荣若干重大问题的决定》提出“中国共产党从成立之日起，就既是中华优秀传统文化的忠实传承者和弘扬者，又是中国先进文化的积极倡导者和发展者”，党的十八大报告提出“建设优秀传统文化传承体系，弘扬中华优秀传统文化”。这些重要文件都强调坚持马克思主义与弘扬“中华优秀传统文化”相统一，但还没有升华、凝聚为简明、准确的新命题。

新时代的伟大实践推动马克思主义文化理论创新。党的十八大以来，习近平总书记以全新视野审视百年来中国文化错综复杂的发展历程和思想主潮，揭示马克思主义中国化的基本规律与核心内涵，提出

---

① 参见崔龙水、马振锋主编:《马克思主义与儒学》，当代中国出版社 1996 年版。

中华优秀传统文化与新时代党的建设新的伟大工程、中华民族伟大复兴、中国式现代化、人类命运共同体及马克思主义在意识形态领域指导地位的根本制度、新时代党的创新理论、社会主义核心价值观之关系等一系列重大课题，极大地深化、拓展、提升了当代中国文化研究和实践的时代主题、历史使命。“两个结合”超越了近现代以来“中体西用”论的不同版本、“全盘西化”论的花样翻新、机械与极端的激烈反传统、无主导的调和折中论等文化观，标志着马克思主义文化观进入辩证否定、综合创新的新阶段，这是百年来无数志士仁人探索中华文化复兴、确立民族文化自信的智慧结晶，是中华民族行稳致远、可久可大的思想保证，指引着当代中国思想文化研究和中国特色社会主义实践的正确方向。

二、马克思主义中国化的文化沃土

习近平总书记指出：马克思主义发展史是“不断吸收人类历史上一切优秀思想文化成果丰富自己的历史”[①]，“中国人民在长期生产生活中积累的宇宙观、天下观、社会观、道德观”等中华优秀传统文化同马克思主义思想精髓、科学社会主义具有高度契合性[②]。马克思主义与中华优秀传统文化精华相贯通、与人民群众日用而不觉的共同价值观念相融通，是马克思主义在理论创新和日常生活两个层面实现中国化、

① 《十九大以来重要文献选编》(上)，中央文献出版社 2019 年版，第 425 页。

② 习近平:《高举中国特色社会主义伟大旗帜 为全面建设社会主义现代化国家而团结奋斗——在中国共产党第二十次全国代表大会上的报告》，人民出版社 2022 年版，第 18 页。

时代化的基本路径，是创新当代中国马克思主义、二十一世纪马克思主义的重要课题。

中华优秀传统文化“积淀着中华民族最深层的精神追求，代表着中华民族独特的精神标识”[①]，凝聚着中华民族改变世界的深湛智慧而具有相对的恒久性和普遍性。

在宇宙观上，古代先哲提出“阴阳大化”“道法自然”“革故鼎新”的天道思想。《易经》《尚书》的阴阳、五行观念孕育着唯物主义思想的萌芽；老子“道法自然”“反者道之动”揭示了存在与过程相统一、对待相转的辩证智慧；孔子“敬鬼神而远之”，阐发了“时”“逝”“生”“两端”等重要观念；《易传》“刚柔相推而生变化”“一阴一阳之谓道”“日新之谓盛德，生生之谓易”、张载“太虚即气”“一物两体”、王夫之“气外无理”“即事穷理”“体用胥有”等思想，都体现着物质统一性原理与辩证思维相结合。这种深湛智慧与马克思主义哲学熔铸而成的中国现代辩证唯物主义是新民主主义革命和中国特色社会主义实践的思想基础，是当代中华文化核心基因的重要内容。毛泽东同志提出墨子是“古代辩证唯物论大家”“墨家是唯物辩证论”，把“相反相成”规定为矛盾论的重要内容；张申府认为“辩证唯物本是中国真正传统的见解”[②]；张岱年《中国哲学大纲》阐扬传统气本论、“未尝分别实在与现象为二事”的“一个世界”、“变易与条理”的“阴阳大化”“理在事中”“变中有常”“和实生物”、人与自然融为一片的

① 《习近平谈治国理政》，外文出版社 2014 年版，第 164 页。
② 张申府:《人间闲话（三）》,《人人周报》1936 年第 1 卷第 16 期。

"天人合一"，从不同维度揭示了中国传统哲学与马克思主义哲学之契合相通。

中国古代倡导"协和万邦""以德服人"的天下思想。中国有"天下和平""万国咸宁""不以兵强天下""修己以安人""天下为公""讲信修睦""亲仁善邻"的优秀基因，而没有称霸世界、武力侵略的思想基础。中国共产党人主张爱国主义与国际主义的高度统一，提出"和平共处""永不称霸""求同存异""和谐世界"等外交方针，习近平总书记倡导民族复兴与人类命运共同体相统一，倡导"亲诚惠容""人类命运共同体""一带一路""共商共建共享的全球治理观"，把中华民族热爱和平的文化传统升华为"中国式现代化是走和平发展道路的现代化"的庄严承诺、落实为共同创造人类美好未来的实际行动。

在社会观上，《礼记·礼运篇》赞颂"天下为公"的"大同"社会，成为千百年来中国人民向往的美好生活。爱国主义与共产主义相统一的新式"大同"是中国人民欣然接受马克思主义的最初因缘。孙中山认为"俄国新创设"之"劳农政府"近似于"孔子所希望之大同世界"。马克思主义者自觉地保留"大同"的民族形式而注入共产主义的新内容，李大钊提出"一方面是个性解放，一方面是大同团结"的"第三新文明"，毛泽东同志阐明经过工人阶级领导的人民共和国"到达阶级的消灭和世界的大同"的现实道路。"大同"理想的内核是"民本"思想，从"敬德保民"到"上思利民""民为君之本""以民为本""与民为一体"，到孔子、孟子凝练为"仁者爱人""民贵君轻""为政以德"，源远流长的民本思想蕴含着丰富的人民性因素。中国共产党人“全心全意为人民服务”的根本宗旨、“以人民为中心”的发展理念、“全体人民共同富裕的现代化”的中国式现代化新路，是对传统民本思想的批判继承和扬弃升华，是当代中华文化核心基因的重要标识。

在道德观上，中国传统文化肯定人之价值、现实生活价值、道德价值之统一，生发了“人禽之辨”“义利之辨”“理欲之辨”的人道自觉，陶冶了“忠信笃敬”“不诚无物”的伦理情怀，提炼了“自强不息”“厚德载物”的民族精神，熔铸了“乐以天下，忧以天下”“天下兴亡，匹夫有责”的担当意识。“自强不息”所体现的独立自主、拼搏奋斗精神与“厚德载物”所体现的兼容多端、宽容和谐精神，共同构成中华民族“刚健中正”的精神风貌。今天，我们以永不懈怠的精神状态和一往无前的奋斗姿态为中华民族伟大复兴的中国梦而奋勇前进，坚持胸怀天下而为人类谋进步、为世界谋大同，尊重世界文明多样性，“积极回应各国人民普遍关切，为解决人类面临的共同问题作出贡献”①，正是“自强不息”“厚德载物”崇高精神的生动实践。

在认识论上，中国古代形成“知行合一”“务得事实，每求真是”的实事求是致思取向。以毛泽东同志为代表的马克思主义者创造性地把“实事求是”诠释为“‘实事’就是客观存在的一切事物，‘是’就是客观事物的内部联系，即规律性，‘求’就是我们去研究”②，把这种拘囿于“修学好古”的古老思想升华为中国化马克思主义的思想路线

---

① 习近平:《高举中国特色社会主义伟大旗帜 为全面建设社会主义现代化国家而团结奋斗——在中国共产党第二十次全国代表大会上的报告》，人民出版社 2022 年版，第 21 页。

② 《毛泽东选集》第三卷，人民出版社 1991 年版，第 801 页。

和理论精髓，重新阐释的“实践”和“实事求是”、思想学说与生活实践融成一片的“知行合一”成为中国化马克思主义认识论的重要内容。习近平总书记进一步把“实事求是”规定为保持中国共产党先进性、纯洁性的“党内政治生活基本规范”之一，把“学思用贯通、知信行统一”作为新时代党的思想建设和理想信念教育的基本遵循，坚持不懈地用习近平新时代中国特色社会主义思想凝心铸魂中焕发灿烂光辉。

历史学家陈寅恪认为：“其真能于思想上自成系统，有所创获者，必须一方面吸收输入外来之学说，一方面不忘本来民族之地位。”[①] 同样地，马克思主义“只有植根本国、本民族历史文化沃土，马克思主义真理之树才能根深叶茂”[②]。今天，我们要更加充分地、批判性地总结国内外学界研究马克思主义和中国传统文化及其相互关系的丰厚成果，继续在“古老中国的深刻变化和13亿中国人民极为丰富的生产生活”[③] 中激活、转化、发展中华优秀传统文化基因，用“其所触及的问题既多，其所达到的境界亦深”[④] 的传统人生哲学及价值哲学、政治哲学、生态哲学、中医哲学等思想资源补益、发展马克思主义，实现对“两千多年来人类思想和文化发展中一切有价值的东西”[⑤] 的改造和吸收，充分彰显中华优秀传统文化作为中华民族的“根”和“魂”、中华儿女

---

① 陈寅恪：《审查报告三》，冯友兰：《三松堂全集》第3卷，河南人民出版社2001年版，第462页。

② 习近平：《高举中国特色社会主义伟大旗帜 为全面建设社会主义现代化国家而团结奋斗——在中国共产党第二十次全国代表大会上的报告》，人民出版社2022年版，第18页。

③ 《习近平谈治国理政》第二卷，外文出版社2017年版，第320页。

④ 杜运辉编：《燕赵文库·张岱年集》下册，河北人民出版社2017年版，第229页。

⑤ 《列宁专题文集·论社会主义》，人民出版社2009年版，第167页。

共同“精神基因”、国家“精神命脉”的当代价值，在中国式现代化进程中完成“中国文化传统的历史性重建”[①]。具有中国作风和中国气派的中国化马克思主义成为解决民族复兴和中国式现代化实际问题的科学指南，在鲜明的中国特色中彰显了人类社会发展的一般规律和“和平、发展、公平、正义、民主、自由的全人类共同价值”。同时，我们既要研究马克思主义与中华优秀传统文化的契合与融通，亦要正视马克思主义与中国传统文化的某些不相容之处，批判中国传统文化中的糟粕及改头换面的新花样。

三、当代中国文化创新的必由之路

自觉地与马克思主义相融通、相结合，是中国传统文化创造性转化、创新性发展的题中之义和必由之路。

现代中国学术深受马克思主义影响，科玄论战、东西文化论战、中国社会性质论战、中国本位文化论战、唯物辩证法论战等几次大规模思想论争都发生于中、西、马三大思潮对立互动的基本格局中，马克思主义是促进中国传统文化转型、建构现代学科体系学术体系话语体系的重要动力。中国哲学史学科的重要奠基之作——冯友兰《中国哲学史》探讨了“政治制度，社会组织，及经济制度”对思想变迁之影响，这是对梁启超、胡适思想史的重大突破，乃至张岱年赞誉“此书之应用唯物史观，不是机械的应用，而是活的应用”[②]；张岱年《中国哲学大

① 吴晓明:《“小康中国”的历史方位与历史意义》,《中国社会科学》2020 年第 12 期。

② 杜运辉编:《燕赵文库・张岱年集》上册，河北人民出版社 2017 年版，第 393—394 页。

纲》"辨其发展源流"、分疏"中国哲学中之活的与死的"，体现了对唯物史观和唯物辩证法之运用。

中国传统文化的现代转型需要高度的文化自觉、自立和自信。晚清以来的君主专制官僚制度、小农经济模式崩溃、异域文明交流之艰难等遏制了中国传统文化自我更新的内在生机。试图会通中国传统文化与西方近代资产阶级文化的"师夷长技以制夷""中体西用论""新民说""民主共和"及现代新儒学等彰显了中国传统文化之精义与局限，特别是五四运动以来"最具有影响力和生命活力的思想派别之一"[①]的现代新儒学力求挺立中国文化的民族主体性，批判西方式现代化、西方中心论和科学主义。然而，现代新儒学一方面倡导以儒家思想为"主要潮流、根本成分"的"儒学复兴"，另一方面又曲折地论证"内圣"开出科学、民主的"新外王"，这种特定的阶级立场、偏狭的文化心态、"中体西用"的"儒家资本主义"遮蔽了对中国现实国情的准确把握，找不到确立民族文化自信的实践主体和正确道路。中国马克思主义者深刻揭示了一定的文化与物质生活、社会生活、政治生活、精神生活的复杂联系，终结了形形色色的"文化决定论""道德决定论"和"文化虚无主义""历史虚无主义"，指明了实现劳动群众物质解放和精神解放的新民主主义、中国特色社会主义道路才是实现民族复兴、确立民族文化主体性的人间正道。

人民性与实践性、真理性与价值性相统一的马克思主义提供了考

---

① 方克立:《现代新儒学与中国现代化》，长春出版社 2008 年版，第 28 页。

察中国传统文化现代转型的新视野、新方法、新动力、新领域，同时亦揭示了中国传统文化自身存在的历史局限性。张岱年等马克思主义者认为“中国的旧文化，正适于一个唯物辩证的剖析”“文化问题只有用唯物辩证法才能正当的处理”[①]，他们从现实生活与思想意识的辩证关系揭示思想意识的实践根源，从思想意识自身的特殊性与普遍性之辩证关系揭示其历史局限性与相对超越性。张岱年认为儒学既有维护等级区分的“浅层思想”，也有高扬精神生活的价值、增进民族凝聚力等“深层义蕴”[②]，二者共同构成儒学的完整内容。鉴于儒学的二重性，既要从社会史出发揭示儒学的阶级性、等级性，又不能把儒学与君主专制、等级制度简单画等号；既要弘扬儒学中真理性、人民性的思想精华，又要防止脱离具体历史条件的抽象解读和过度诠释。植根于君主专制制度和农业文明的儒学，关于“人之异于禽兽者”“人之所以为人者”的人道自觉与贵贱等级相连，没有肯定普通劳动人民的个体价值；“天人合一”“参赞化育”倡导人与自然之和谐，却伴随着忽视逻辑、几何学、实验科学及轻视“匠人”之弊端；“天下大同”只是“后遂无问津者”的虚悬理想，找不到通向现实的道路；“知行合一”可谓“理论与实践统一”的古代形式，而所谓“行”往往限于个人道德践履；等等。中国传统文化之精义表征了中华民族生活实践所反复验证的普遍真理和崇高价值，是中华民族几千年来赓续绵延、生生不息

---

① 张季同：《世界文化与中国文化》，《大公报》1933 年 6 月 15 日第 11 版《世界思潮》第 42 期。

② 张岱年：《张岱年全集》第 7 卷，河北人民出版社 1996 年版，第 1 页。

的文化基因；同时，亦是中华民族未能自主发展出现代科学和民主制度的重要制约。中国传统文化既有内在的系统性，又有其构成要素的可分性、可析取性；既有前后阶段或形态之间的思想要素之“述”（继承）与“作”（创新）的关系或新故推移、选择取舍，又有中外文化的不同要素之传播、汲取、转化、改造、重组、创新等复杂过程。中国传统文化不可能整体性地进入当代社会，而只能是以是否有利于中华民族伟大复兴、是否有利于中国式现代化、是否有利于构建人类命运共同体、是否有利于实现“每一个个人的全面而自由的发展为基本原则的社会形式”[①]和“建立在个人全面发展和他们共同的、社会的生产能力成为从属于他们的社会财富这一基础上的自由个性”[②]为标准而择取、诠释、重构其具有真理性、人民性、时代性的精华要素。马克思主义中国化的历史进程激活了中国传统文化的内在生机，把它们创造性地转化为中国特色社会主义物质文明、政治文明、生态文明、精神文明、社会文明的有机成分，“自强不息”“厚德载物”“天人合一”“天下大同”等文化精义得到更彻底、更圆满的彰显，“马克思主义的普遍真理与中国的优秀传统中的基本真理必将融为一体，共同构成社会主义中国新文化的理论基础”[③]。

当代中国文化发展要全面总结百年来马克思主义与中华优秀传统文化相契相通、相补互益、综合创新的成功经验，深刻汲取百年来马

① 《马克思恩格斯文集》第 5 卷，人民出版社 2009 年版，第 683 页。
② 《马克思恩格斯文集》第 8 卷，人民出版社 2009 年版，第 52 页。
③ 张岱年：《我为什么信持辩证唯物主义》，《高校理论战线》1991 年第 6 期。

克思主义与中国传统文化简单对立乃至相互否定的历史教训，超越近代以来“全盘西化”与“儒学复兴”的两极震荡，严肃批判“儒体马用”“崇儒反马”等错误思潮。“发展面向现代化、面向世界、面向未来的，民族的科学的大众的社会主义文化”①，坚持以社会主义核心价值观对中华优秀传统文化创造性转化、创新性发展之引领，坚持对国外优秀文明成果的交流互鉴和开放包容，科学地扬弃人类在“人的依赖关系”“以物的依赖性为基础的人的独立性”等历史阶段的重大成果，回答人类走出资本主义、开创人类更加美好未来的中国之问、世界之问、人民之问、时代之问，是中华民族文化复兴的根本标志和历史使命。

① 习近平：《高举中国特色社会主义伟大旗帜 为全面建设社会主义现代化国家而团结奋斗——在中国共产党第二十次全国代表大会上的报告》，人民出版社2022年版，第43页。

读书手签

读书手签

读书手签

读书手签

读书手签